# ◉預言者が見た異形の天使◉

**†ラファエロ《エゼキエルの幻視》(1514頃)**

『旧約聖書』の預言者のひとり、エゼキエル（写真左下）はケバル川のほとりで天空に4つの生き物からなる天使を見た。獅子、牛、鷲《わし》、人間の4つの顔と4つの翼からなる神の乗り物、トロネスだった。 ☞トロネス（57ページ）、エゼキエル（108ページ）

◎死の天使◎

**✝ギュスターヴ・モロー《ソドムの天使》（1885頃）**

「創世記」では、罪に汚れたソドムの町が神の怒りを買って業火《ごうか》とともに崩壊する。その運命を決定し、燃え上がる町の上を浮遊する怖い天使だ。 ☞天使は何をもたらすのか？（28ページ）

## ◉天使との接触◉

†ウィレム・ファン・ドロスト《ダニエルの幻視》(1650-52)

天使が暗闇の中で預言者ダニエルにそっと手をかけ、いま見ている幻を説明する。「突然、ひとつの手が私に触れて引き起こしたので、私は手と膝《ひざ》をついた」。通例、天使は不可視で感知できないのだ。天使はどんな言葉を語ったのだろう？ ☞天使の言葉（128ページ）

†ボッティチェッリ《受胎告知》（1489、ウィッツィ美術館）

突如、部屋に飛び込んできた大天使ガブリエルにたじろぐマリア。「聖霊があなたに臨み、いと高き者の力があなたをおおうでしょう」と処女懐胎《かいたい》の奇跡を告げる。 ☞ガブリエル（46ページ）、聖母マリア（110ページ）

## 魂の審判者

†ロヒール・ファン・デル・ウェイデン《最後の審判（部分）》（1443-1451）

聖ミカエルがもつ天秤に乗った人間。それは人間の魂を表したものだ。聖ミカエルは罪の重さを計り、魂が天国へ行くのか地獄へ行くのかを決める。

☞天使はどこへ誘うのか？（32ページ）、ミカエル（42ページ）

信仰の祝福

†レンブラント《イサクの犠牲》(エルミタージュ美術館)

神に信仰心を試されたアブラハムは、生《い》け贄《にえ》として息子イサクを殺そうとした。だが、その寸前に天使が現れて制止し、刃物を落とさせた。

☞アブラハム(106ページ)

## ◉天国への手引き◉

✝ヒエロニムス・ボッシュ《福者の昇天（部分）》（1500頃）

暗闇の彼方から天国の光が漏れ出ている。天使に付き添われた魂の永い旅路が終わろうとしている。キリスト教の死後の世界にはどんな光景が広がっているのだろうか？ ☞キリスト教の天国と地獄（142ページ）

# 天使は遍在する

**✝デブレ・ベラハン・セラシエ教会（エチオピア）**

　1906年に再建された教会の天井一面に描かれた天使画。天使とは不可視で感知できない存在ではあるが、あらゆる場所に遍在しながら人類を見守っているかのようだ。☞天使はいつ現れるのか？（24ページ）

## ◉天使遭遇の証◉

†ジョット《聖痕を受ける聖フランチェスコ》（1296-99頃）

まるでキリストのような姿をした熾《し》天使セラフィムが聖フランチェスコの前に出現。その後、手のひらには磔刑《たっけい》にされたキリストの傷と同じ箇所にできる「聖痕」が残った。まさに恐怖と崇高の瞬間だ。 ☞聖フランチェスコ（112ページ）

# ◉悪魔の誘惑◉

**†マティアス・グリューネヴァルト《聖アントニウスの誘惑》(1512-16)**

獰猛な悪魔の群れに襲われるアントニウス。禁欲の思想が定着したキリスト教の時代にあっては、あらゆる魔の誘惑に打ち勝った者こそ神の祝福を受けるとされた。

☞ 悪魔は何を囁《ささや》くのか？（30ページ）、聖アントニウスの誘惑（231ページ）

## ◉夢の中で襲う悪魔◉

**†ヘンリー・フュースリ《夢魔》(1782)**

睡眠は無防備な状態のため、意識なく眠るうちに悪魔の餌食《えじき》になると当時は考えられていた。特に男の悪魔（左の馬）は、睡眠中の女性に近づいて……。

☞ 夢魔（210ページ）

†ウィリアム・ブレイク《もとの栄光の中のサタン》（1805頃）

堕天使《だてんし》とて本来は天使だった。天界を追われたとはいえ、悪の原因を取り除けばサタン（ルシファー）も再び大天使としての力を発揮することができるのだ。 ☞ルシファー（166ページ）

✝フラ・アンジェリコ《最後の審判（部分）》（1431頃）

地獄には階層があり、それぞれ異なる罪と罰に分けられているという。この絵では7つの大罪ごとに部屋が分割されており、怒りの形相のサタンが罪人を喰らっている。

☞キリスト教の天国と地獄（142ページ）、サタン（162ページ）

**†フランシス・デ・ゴヤ《魔女の集会》(1797-8)**

輪の中央に座る雄山羊に生《い》け贄《にえ》の子供が捧げられているサバト(魔女の宴)の様子。17世紀スペインの魔女狩りを題材に、ゴヤは妄信的な迷信を揶揄《やゆ》した。☞ 悪魔礼拝(226ページ)

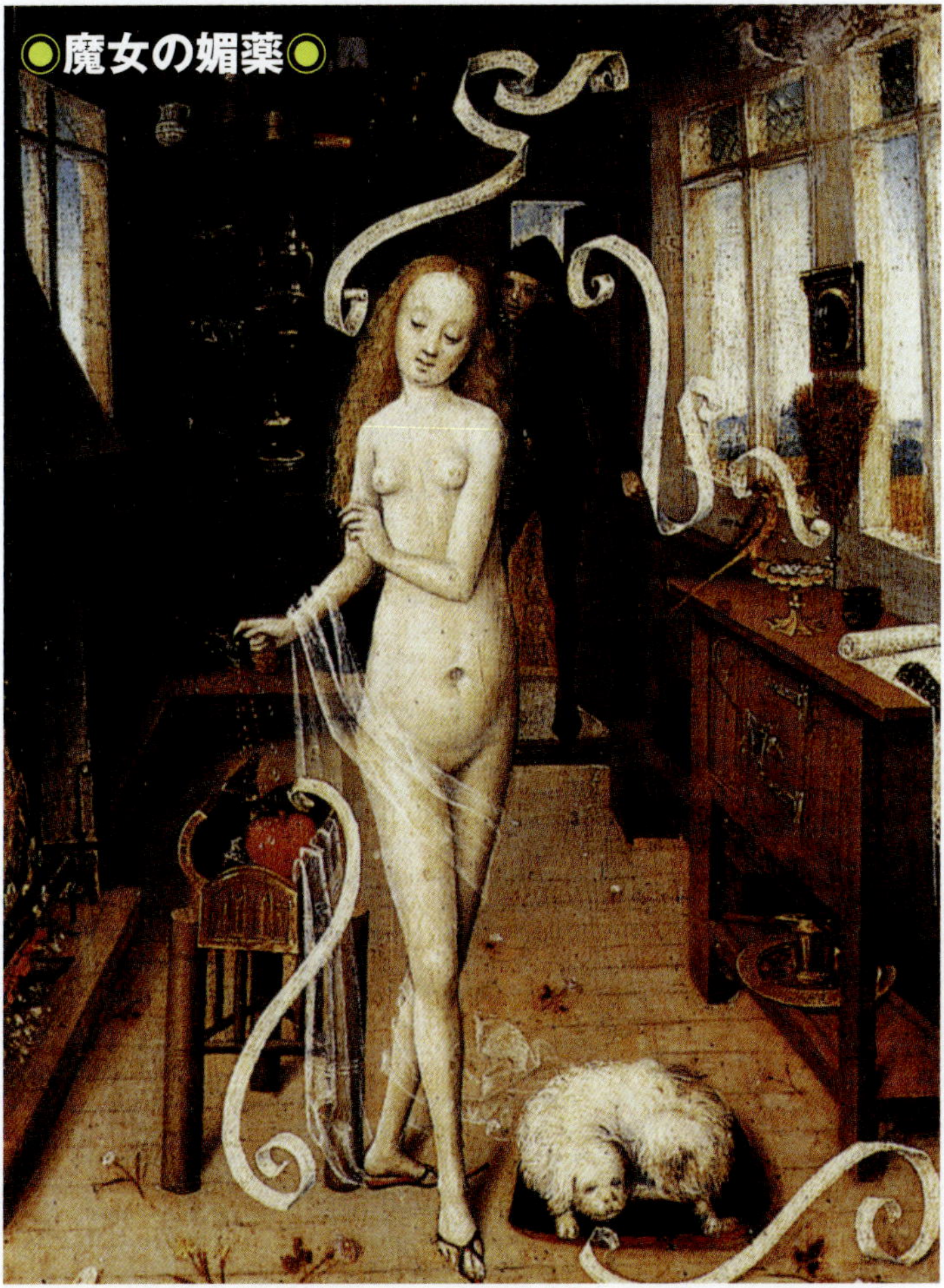


**†下ライン地方の画家《愛の魔法》（15世紀）**

若い魔女が魔法の媚薬《びやく》を調合し、男性を虜《とりこ》にしようとしている。魔女伝説は、あらゆる妄想により塗り固められていった。

☞魔女とは何か？（258ページ）

**†ティツィアーノ《トピアと天使ラファエル》（1507-8）**

アッシリアの補囚《ほしゅう》だったトビアを故郷にいる父親トビトのところへ連れていく人間に化身したラファエル。癒《いや》しの天使らしく、ほほえましいシーンである。故郷は近そうだ。 ☞ラファエル（50ページ）

【決定版】

# 天使と悪魔 図鑑

The Encyclopedia of Angels and Demons

# 目次

## 第4章 天使との遭遇

## 第5章　世界の「天国と地獄」



## 第6章　7大悪魔



## 第7章　世界の悪魔図鑑

## 第8章 悪魔礼讃とエクソシスト

# 第1章

The Seven Mysteries of Angels & Demons

# 天使と悪魔の「7つの謎」

Mystery 1

さまざまな姿と手段で人間の前に出現

# 天使はいつ現れるのか？

『旧約聖書』の時代——天使は人間と見分けがつかなかったといわれている。

「暑い真昼に、アブラハムは天幕の入り口に座っていた。目を上げると、3人の人が彼に向かって立っていた」（『創世記』）

実はこの「3人の人」というのは、神と天使だったのだが、アブラハムはそうと気づかず、食事でもてなしているのである。

ところがその後、天使はもっぱら「幻視」によって現れるようになる。本書でも紹介するが、エゼキエルが見た「4つの顔と4つの翼」をもつ天使などは、まさにその典型だろう。そしてこの頃から天使たちは、神の意志を特定の人物に伝えるという、明確な目的のもとに出現するようになるのだ。天使によって、「福音書」を書かされたマタイ、あるいは「コーラン」を暗記させられたムハンマドなどは、このケースにあたるだろう。

だが、やがて『聖書』の時代が終わり、中世になると、今度はキリスト教の聖人や殉教者たちが、天使を目撃するようになった。それだけでなく、死の間際や拷問を受けた——すなわち臨死体験——のときには、天使によって励まされたと報告する人も増えてくるのである。

すなわち現代では、人が生死にかかわるほどの困難の最中にあって、しかも「天使の出現」という一種の〝奇跡〟を受け入れることができる精神状態になったときに、天使が現れるといっていいだろう。

ティエポロ《アブラハムと3人の天使》（プラド美術館蔵）。

ブレイク《反逆天使を喚起するサタン》。

Mystery 2

高位の天使が天界を追われた理由とは……

# 悪魔とは何者か?

悪魔がもともと「天使」だったのは有名な話だ。堕《だ》天使の「堕」は「堕《お》ちる」という意味だが、彼らはまさに天から「堕ちた（あるいは堕とされた）」天使たちなのだ。

なかでも堕天使ルシファーは、その名前が「光を運ぶ者」を意味するように、かつてはもっとも高位の天使で、光り輝くほどに美しかったといわれている。

その彼が「堕とされ」、悪魔と化した理由はどこにあるのか。古くは「情欲」だと考えられたし、後のキリスト神学者の間では「高慢」だとされた。

しかし、キリスト教と同じように『聖書』を聖典のひとつとし、天使と悪魔の存在を唱えるイスラム教では、少し事情が異なる。

なぜならイスラム教の悪魔イブリースは、「自尊心」によって天界を追われているのだ。

あるとき神はすべての天使に対して、神の被造物であるアダム――人間――を拝するように命令する。しかしイブリースは「粘土で造られた」アダムにかしずくことを拒否し、自尊心をもって悪魔に堕ちていくのである。

こうして見ていくと、悪魔が嘘つきで何の羞恥心ももたない「絶対悪」であるといった単純な考えが、まるで表面的な見方にしかすぎないことがよくわかるだろう。

だからミルトンの『失楽園』の悪魔はいう。

「いかなる怒り、いかなる力が彼（神）にあろうとも、わたしを取りひしぐ栄光を彼に渡すわけにはいかんのだ」

Mystery 3

愛や救済から悪魔のごとき災いまで

# 天使は何をもたらすのか？

天使というと、愛と救済をもたらすもの、というイメージが強い。しかし、神の使いである以上、神が命ずるなら〝あらゆるもの〟をもたらすのが天使なのである。

たとえばソドムに降りた天使は、町を破滅させる「硫黄《いおう》の火」をもたらし、「ヨハネの黙示録」の天使は、不吉なラッパとともに「血の混じった雹《ひょう》と火」「火で燃えている大きな山のようなもの」「松明《たいまつ》のように燃えている大きな星といった禍々《まがまが》しいもの」を次々と地上に降らせているのだ。

また、預言者たちに神による未来のプログラムを伝えるのも天使の役割だったし、ガブリエルは聖母マリアの前に現れ、救世主（イエス・キリスト）の誕生を告げている。

だが、時代が下り、中世から現代になると、天使が地上に災厄をもたらすことはほぼ皆無となり、信仰者に身体的な奇跡——聖痕《せいこん》現象や病気治癒など——を起こしたり、知らないはずの外国語を話したり（異言）させることが中心になっていく。あるいはまた、天界のイメージや死後の世界についての知識を与えたり、信仰の悦びをもたらしたりするのも重要な役割になっているようだ。

いずれにせよ、天使が何をもたらすのかは、もたらされる側の心——信仰心——に大きく左右される。実際、「天使博士」であるトマス・アクィナスは、天使が人間によきものをもたらすには、人間の側の準備が不可欠である、と述べているのである。

「ヨハネの黙示録」より、天使が災害を予告する終末の場面を描いた中世の挿絵。第2の天使がラッパを吹き鳴らすと、火の燃えさかった大きな山のようなものが海に投げ込まれ、海の3分の1は血となった。

シニョレッリ《反キリストの説法と行い》。
悪魔は人間に怪しげな何事かをそっと囁く。

Mystery 4

ときには聖書の言葉をも巧みに引用する

# 悪魔は何を囁くのか？

悪魔の囁《ささや》きといえば、古来、誘惑や悪事と相場が決まっている。だが、サムエル・バトラーの言によれば、神がすべての書物を著したので、悪魔側の話を聞いたものはいないのである。だからわれわれは、悪魔の囁きも、神の立場からの記録で目にするしかない。

人類の歴史上、初めて人間に誘惑の言葉を囁いた悪魔は、「創世記」に登場するヘビである。このヘビは、食べればたちまち死ぬと神が警告した禁断の〝知恵の実〟をエバに示し、こう囁くのだ。

「決して死ぬことはない。それを食べると、目が開け、神のように善悪を知る者となることを神はご存じなのだ」

こうしてアダムとエバは楽園を追放されるのだが、よく考えてみればこのとき、嘘をついていたのはむしろ神であり、ヘビは本当のことしかいっていないのである。

しかし、時代が下るにつれ、悪魔の囁きは誘惑と欺瞞に満ちてくる。荒れ野で悪魔は、イエスを神殿の屋根から飛び降りることで神を〝試させ〟ようと、こう囁くのだ。

「神があなたのために天使たちに命じると、あなたの足が石に打ちあたることのないように、天使たちは手であなたを支える」

悪魔は、ときに聖書の文言を駆使することもある。こうした誘惑は教会のなかにまで及んでいたようで、なかには神の説教をする神父の背後に忍び寄り、何かを囁く妖しげな悪魔の姿を見ることもできる。

Mystery 5

## 死者の魂が行く先は天国か地獄か
# 天使はどこへ誘うのか？

悪魔の囁《ささや》きが悪への誘惑だとすれば、天使は人間たちをどこへ誘《いざな》うのだろうか。

外典『エノク書』によれば、義人エノクは、365歳のとき、ふたりの天使の訪問を受ける。そして天使たちは彼を天界へと誘い、その様子を見せたという。この天界は10層からなっていて、第2、第3、第5の天には堕天使や罪人が捕らえられる牢獄があった。そして第10天で神と対面すると、エノクは光り輝く体を手に入れ、終末の預言を受け取る——。

だが、はたして天界に牢獄が存在するのだろうか。天界に堕天使や罪人を捕らえる〝地獄〟があることはキリスト教の世界観と矛盾するのだ。だから、天使が誘った場所が本当に天界だったのかどうかはわからない。

いや、実をいうと最高の天使とされるミカエルでさえ、必ずしも人を天国に誘うとは限らない。死の瞬間、悪魔と争って死者の魂を「獲得」し、冥界に誘う彼は、そこで魂の公正さを計り、ときにはその魂を煉獄《れんごく》へ送りこむこともある、とされたからである。

20世紀最大の神秘主義者のひとりであるルドルフ・シュタイナーによれば、1879年のフランス革命以後、人類は天使ミカエルの指導のもとに進化を続けているとされる。

それは、これから先1000年間は続くというのだ。

もしもそうであれば、今、人類はまさにミカエルの誘いのもとにあることになる。その行き先は、どこなのだろうか。

天国の門前にいる大天使ミカエルを描いた中世の祭壇画。
天秤に乗った人間の善業が悪業より重くなっている。審判の終わった霊魂は無事に天国へ行けそうだ。「死の天使」として、ミカエルは死者の魂の公正さを計り、判断しだいで、その魂を煉獄へ送り込むこともあるのだ。

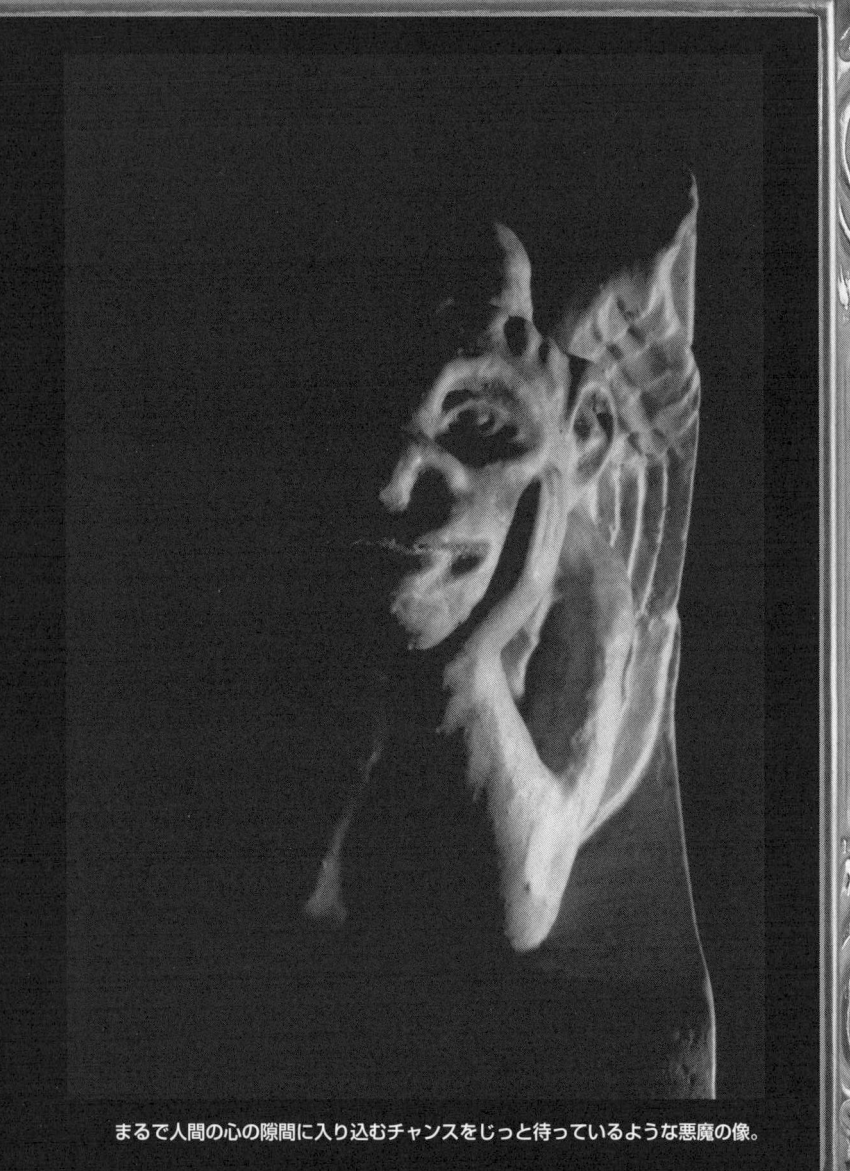

まるで人間の心の隙間に入り込むチャンスをじっと待っているような悪魔の像。

Mystery 6

いつのまにか人間の肉体のみならず心にまでとり憑く

# 悪魔はどこに潜むのか?

人間のいるところなら、どこにでも悪魔は潜んでいるといわれている。

伝道中のイエスは、何度も悪魔と戦っているし、あるときなど、悪魔にとり憑かれた男がイエスのまえにひれ伏し、こう大声で叫んでもいる。

「いと高き神の子イエス、かまわないでくれ。頼むから苦しめないでほしい」

イエスが悪魔に名を尋ねると、悪魔は「レギオン」と名乗った。この名前は「軍団・群れ」を意味するギリシア語で、つまり男のなかには、軍団といえるほどたくさんの悪魔が潜んでいたのである。

なお、このときイエスは、悪魔の群れを近くにいたブタの群れに封じこんでいる。

このように悪魔が直接人間に憑依《ひょうい》するケースは、悪魔祓いなどでもよく見られる。だが、このようにすぐに正体がばれてしまうのは、階級が低い悪魔の仕業にすぎない。本当に強力な力をもつ悪魔は、人知れずこっそりと人間の心に取り入り、それとわからぬうちに操っているからだ。

その代表が、魔女狩りだろう。ただし、それは裁判で弾劾《だんがい》された「魔女」ではない。客観的に見れば、彼(女)たちを密告し、裁判にかけ、拷問を行い、惨殺した人々こそ、心を悪魔に占領された人物だったのだ。

最初に書いたように、悪魔はどこにでも潜んでいる。それも、人間の心の闇の部分を好み、ひっそりと——。

Mystery 7

# 天使と悪魔はなぜ戦うのか?

## 全知全能の神が悪をのさばらせておく理由

「天で戦いが起こった。ミカエルとその使いたちが、竜に戦いを挑んだのである。竜とその使いたちも応戦したが、勝てなかった。そして、もはや天には彼らの居場所がなくなった。この巨大な竜、年を経た蛇、悪魔とかサタンとか呼ばれる者、全人類を惑わす者は、投げ落とされた。地上に投げ落とされたのである。その使いたちも、もろともに投げ落とされた」(「ヨハネの黙示録」)

ここにあるように、天使と悪魔は、つねに戦いつづけている。なぜなのか?

天使ミカエルは、天使軍団の長であり、神の意志の忠実な実行者である。つまり、天使が悪魔と戦うのは、神の意志であるといえる。

一方の悪魔は、神に天界を追われ、地獄に突き落とされた。戦う意図は明確である。悪魔は神への復讐の念に燃えており、地上に悪魔の王国を作り、神の被造物である人間の魂を地獄に引きずりこもうとしているのだ。

さて——そうなると問題は、なぜ神は悪魔を地上に落としたのか、ということになる。これは、なぜ地上に善と悪というふたつの相反する魂が存在するのか、という疑問と同じことだ。要するに、この世における「悪の根源」という究極的な問題に行き着くのである。

一部の神学ではこれを、「シャドウ説(神と悪魔は表裏一体という説)」で決着させているようだ。しかし、その表裏一体の「悪」はどこからきたのか、という点については、まだ明確な答えは出されていないのである。

グァリエント《天の軍勢》より。
天使には悪魔と戦う「戦士」としての顔もある。

# 小説『天使と悪魔』の世界

キリストの秘密をテーマにした『ダ・ヴィンチ・コード』の大ヒットで有名になったダン・ブラウンが、宗教と科学の対立をテーマにキリスト教の闇に迫った小説が『天使と悪魔』だ。

『ダ・ヴィンチ・コード』の前作にあたるこの小説も、ハーバード大学教授・宗教象徴学専門のロバート・ラングドンが主人公となり、ヴァチカン市国やローマを舞台に、謎の解明に取り組んでいくストーリーになっている。

物語中、重要なキーワードとなっているのが「イルミナティ」という「実在」の秘密結社だ。この結社については謎の部分が多い。1776年にバイエルン王国（ドイツ）で結成された組織がルーツになっているのだが、反キリスト的な思想が批判され、わずか数年で活動禁止。その後、メンバーは地下に潜り、世界史の背後でさまざまな陰謀を繰り広げているとされている。こうしたことから、あのフリーメーソンと深い関係があるという噂も強い組織なのだ。

詳細については小説もしくは映画でチェックしていただきたいのだが、ストーリーはローマの街を舞台にシスティーナ礼拝堂、聖女テレーザの法悦、ハバククと天使など、本書でも紹介しているさまざまな聖人たちや、天使と悪魔にちなむ場所を巡りながら謎解きがなされていく。

ちなみにこの作品は、『ダヴィンチ・コード』よりも前に書かれており、映画のヒットでこちらも映画化が決まったということだ。

映画の舞台にもなるシスティーナ礼拝堂。「最後の審判」を描いたミケランジェロのフレスコ画が有名だ。

# 第2章

† Chpter 2 The Archangels

# キリスト教の大天使

File 001

ヤハウェによって追われた異教の神々

# 天使とは何なのか？

天使というと、神の使い、善や幸福のシンボルというイメージが強い。だが、天使のルーツをたどっていくと、駆逐された異教の神々だったということが多いのだ。

たとえば、もっとも有名なふたりの天使、ミカエルとガブリエルにしても、前者はカルデア（アッシリア後にメソポタミア地方で栄えた王国）の、後者はシュメール人の神だったのではないか、という指摘がある。

世界宗教のキリスト教やイスラム教は一神教だが、それ以外の信仰や神話は、歴史的に見ると、日本が八百万《やおよろず》の神々の国であるように、もともとたくさんの神々で満ちあふれていた。それは、ギリシア神話やローマ神話、北欧神話などを見てもよくわかるだろう。

ところがユダヤ教は、ヤハウェだけを唯一絶対の創造神とする。キリスト教もイスラム教も、同じである。そこで大きな問題が起こったのだ。

もしもヤハウェを唯一神と定義したなら、それまでの世界中の神々はどうなるのか？

⬆シュメールの神エンキ（右から2番め）こそ、天使の原像だ。

唯一の創造神が置かれたとき、彼らが存在できる場所＝選択肢はふたつしかなかった。それは、ヤハウェの支配下から出るか、あるいは人間のようにヤハウェによる創造物のひとつになる、ということである。

　こうして創造神の被造物となった異教の神々は、天使と呼ばれることになった。そして、創造神に従順なら「善なる天使」に、反逆するなら「堕《だ》天使」に位置づけられたのだ。

　やがて、これらの天使は神に近い順にヒエラルキーで配され、「天使の九階級＝熾《し》天使、智《ち》天使、座《ざ》天使、主《しゅ》天使、力《りき》天使、能《のう》天使、権《けん》天使、大天使、天使」という階級が生まれてくる。それは中世の宇宙論と合体し、惑星との結びつきのなかで、ひとつの「世界」として認識されるに至るのだ。

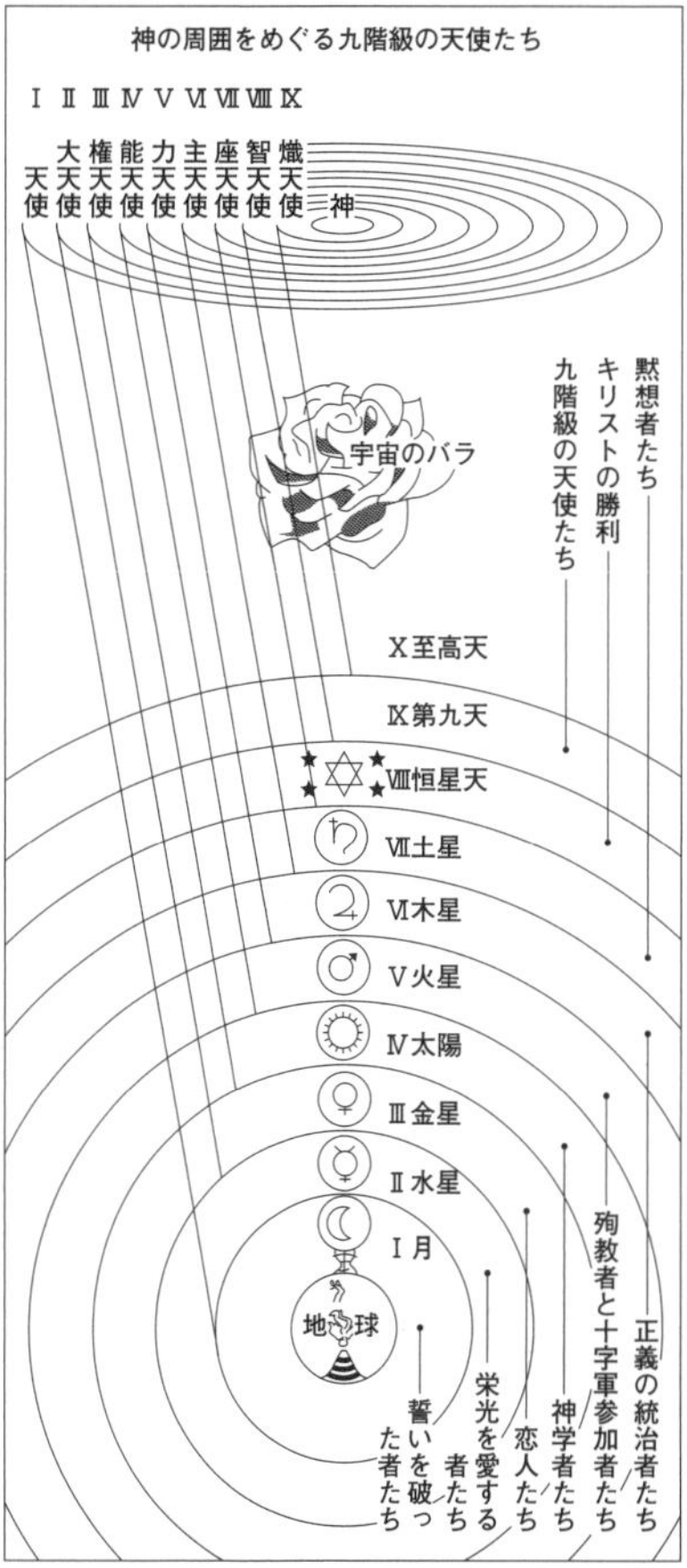


⬆ダンテによる宇宙の概念図。そこでは9つの天球の層が同心円で地球を囲み、それぞれに9つの天使位階が対応している。また、至高の天は神の住む世界であり、地球からはもっとも遠い世界とされている。

File 002

# ミカエル

## 大天使――神にもっとも近い存在とされる天使中の天使

『旧約聖書』「ダニエル書」や『新約聖書』「ヨハネの黙示録」、さらにはユダヤ教やイスラム教の伝説にもしばしば登場する、天使のなかの天使がこのミカエルだ。

　後述するが、イスラム世界では「ミーカイール」と呼ばれ、エメラルド色の翼をもち、サフラン色の髪の一本一本には世界の人口に匹敵する、おびただしい数の顔と口、舌があるという。きわめて異形《いぎょう》の風貌《ふうぼう》をもつ天使として描かれているのだ。

　が、ミカエルの基本的な性格は軍神で、鎧《よろい》をまとい、剣や槍《やり》をもち、悪魔を組み敷《し》くその姿は、人間を堕《だ》落《らく》させる悪魔の軍勢と徹底的に戦うことを運命づけられていることを表しているのである。

　たとえば「ヨハネ黙示録」では、ミカエルは天界でサタンの軍勢と戦い、それを地に落としているし、「死海文書」では、光の君主として暗黒の支配者ベリアルと対抗している

↑サタンを落とすミカエル（ラファエロ画）。

⬆魂を秤《はかり》にかけるミカエル（15世紀、ボーヌ）。

ように、だ。

また、ミカエルは「神に等しい者」「天使の王子」という異名をもつ。それはまさに神に次ぐ座、神の名代《みょうだい》であることを示しているが、この天使がもともとはカルデア王国における「神」だったということも背景にあるのかもしれない。

そうであれば、神に近い実力を備えているのも当然というべきだろう。

ところで後世になるとミカエルは、守護聖人として、キリスト教徒の間で広く崇敬されるようになっていった。

守護者＝人々を見護《みまも》るというイメージからか、山頂や建物の頂上など、高い場所にミカエルの像が置かれることも多い。

また、燃える剣を手にした姿で描かれ、兵士の守護者、キリスト教における軍の保護者とも見なされる。カトリック教会では、日本の守護聖人もこのミカエルとされていたことがあるが、これは、あのフランシスコ・ザビエルが定めたものだった。

守護ということでいえば、あの有名なジャンヌ・ダルクも、このミカエルに護られて戦ったとされている。

15世紀の初頭に、フランスで農民の娘として生まれた彼女は、13歳のころから頻繁《ひんぱん》に天使と会話するようになった。

最初のうち、天使は彼女に「いい子でいて、たくさん教会に行きなさい」というだけだったが、やがて「主がお決めになった」という聖なる指命を語りだすのだ。

それは、「ヘンリー5世が率いる英国軍と戦い、シャルル王子をフランス国王として即位させよ」というものだった。

そして――誰がどう考えても無茶としかいいようのないこの指命を、ジャンヌ・ダルクは忠実に実行しようとしたのである。こうして17歳のとき、ついにシャルル王子との謁見《えっけん》に成功し、天使からのメッセージを伝えるのである。

彼女は、先頭に立って英国軍と戦い、ついに勝利する。その背後には、常にミカエルによる守護があった。だからこそ、一介の少女に「奇跡」が可能になったのだ。


だが、その後、ジャンヌ・ダルクは悪魔憑《つ》きとされ、火刑に処されてしまう。彼女を守護していたのは、本当に悪魔だったのか？

たしかに、神に反逆して堕天使となったルシファーは、このミカエルの双子の兄弟だったという伝承もある。この場合、ミカエルは弟にあたる、と説明されているが、そういう意味では天使も悪魔もその能力において、さほど大きな違いはない。

だが彼女を導いたのは、やはりミカエルだった。死んでから19年目には有罪判決が撤回され、１９２０年にはついに、カトリックの聖女に列せられたのだから。

ところで戦争といえば、死を避けて通ることができないが、ミカエルにはもうひとつ、死者の魂を霊界に導く「死の天使」という顔がある。

たとえば15世紀に描かれたフランス、ボーヌの祭壇画には、善なる者を天国に、悪なる者を地獄に振り分けるために、天秤《てんびん》を手にしたミカエルの姿を見ることができる（口絵）。

またカトリックでは、ミカエルこそマリアに死を告げた者だと信じられている。

このようにミカエルは煉獄《れんごく》の門番であり、罪人を救うための祈りはすべて、このミカエルに捧げられるのだ。そして祈りが通じたとき、ミカエルは救済に現れ、その魂を煉獄から天国へと運んでいくとされたのである。

また、ミカエルには、天国の偉大な医者として、人々の苦悩や病を癒すという能力も与えられている。世界の聖地に見られる「癒しの泉」は、彼のその能力によってもたらされたものなのだ。

←悪魔を踏みつけるミカエル。

File 003

# ガブリエル

## 大天使——神の啓示を伝える天界からの「告知者」

「神の名代《みょうだい》」とされるミカエルと双璧をなす天使がガブリエルだ。

ガブリエルについて、もっともよく知られているエピソードといえば、なんといっても聖母マリアに対する受胎《じゅたい》告知だろう。

このとき、ユリの花を手にしてマリアの前に現れたガブリエルは、彼女にイエス・キリストの受胎を告げるのだ。

「マリア、恐れることはない。あなたは神から恵みをいただいた。あなたは身ごもって男の子を産むが、その子をイエスと名づけなさい」

「聖霊があなたに降り、いと高き力があなたを包む。だから生まれるものは聖なるもの、神の子と呼ばれる」（いずれも「ルカによる福音書」より）

世に多くある宗教絵画では、ガブリエルは手にユリの花をもった優雅な女性天使として描かれている。

実はこのユリにはちょっとした意味がある。

⬆啓示を与えるガブリエル。

⬆スーダンで発見された、ガブリエルの壁画。

まず、ユリがガブリエルの象徴の花であるということ。

と同時にユリが、もともとは処女神や豊饒《ほうじょう》を表す大地母神のシンボルとされており、同時にそれが「零落《れいらく》」した冥府《めいふ》の女王リリスを意味するものでもあったからだ。

この「リリス」という名が、「リリー」というユリの名前の由来になっていることはいうまでもない。したがってユリは、一面で冥府の女王＝魔女リリスの象徴でもあるわけだ。

ちなみにリリスは、アダムの最初の妻で、彼の専横ぶりを嫌って冥府の女王になった、という伝承がある。

ガブリエルが唯一の女性天使といわれる背景には、どうやらこうした大地母神信仰に通じる古代の女性崇拝が、濃厚に存在するようなのである。また、ガブリエルが天国から離れて生まれ変わろうとする魂を導き、その魂が母親の子宮《しきゅう》にいる9か月の間、見守ってくれるという伝承も、こうした信仰が影響を与えているに違いない。

いずれにせよ、この受胎告知で明らかなように、ガブリエルの大きな仕事はなんといっても、神の啓示を人々に伝える「告知者」としてものとされている。

たとえば、「人の子よ、この幻は終わりの時に関するものだということを悟りなさい」と、預言者ダニエルの前に現れて告げたときには、神が見せた幻の意味を、神にかわって教えているのだ。

また、『新約聖書』の「ルカによる福音書」でも、ガブリエルはこんな言葉を告げる。

「あなたの妻エリサベトは、男の子を産む。その子をヨハネと名づけなさい」

この男の子はやがて、洗礼者ヨハネとなり、ナザレのイエス（イエス・キリスト）に洗礼を授けるのだ。このようにガブリエルは、イエスの誕生、洗礼という重要な節目で、いずれも「告知」を行っているのである。

もうひとつ、忘れてはならないガブリエルの顔がある。それは、隠された叡智《えいち》（秘教）を伝える天使としての顔だ。

たとえばユダヤ教には「魔法の石」の伝承がある。この石は、エデンの園の光がかたまった「ツォハール（光）」と呼ばれる石で、この石をガブリエルは、まだ生まれて3日めだったユダヤ人の父祖であるアブラハムの首にかけてやるのだ。

アブラハムは、ユダヤの族長になっても、生涯、この石を手放すことはなかったという。またこの石は、人々に癒しを与えただけでなく、天界の秘密をもたらすという奇跡もあらわしている。

こうしたことからもガブリエルが、天の、そして世界の秘密を人間に与える仲介者であったことがわかる。

ちなみに『旧約聖書』において、名前が実際に出てくる天使は、前述のミカエルとガブリエルだけだ。しかも、女性とされているにもかかわらず、「ガブリエル」の名は「神の英雄」「強き者」を意味している。

　そして、その語源になった「ガブル」は、古代シュメールでは「統治者」という意味の言葉だったともいわれているのだ。

　これはそのまま、ガブリエルの発祥と、彼女に対する人々の信仰の長さを物語るものといえるだろう。

　また、秘教的な宇宙の解釈では、受胎告知は月と結びつけられる。つまり、ガブリエルは月を支配する者とされ、そこからアンジェリ（天使）を管轄《かんかつ》するアルカンジェリ（大天使）の一員と見なされるようになった。

　ちなみにガブリエルは、一度は神から追放されたという経験をもつ、という説もある。このときは、ドビエルという天使が、一時的にガブリエルのポジションについていたという。

⬆ユリを手に、マリアに受胎告知をするガブリエル（ボッティチェルリ画）。

File 004

# ラファエル

## 大天使——あらゆる医を司る癒しの天使

『旧約聖書』外典《がいてん》の『トビト記』によると、人間に化身《けしん》したラファエルは、アッシリアの捕囚《ほしゅう》だったトビトの息子、トビアと旅に出た。

途中、トビアは川で足を洗おうとして大魚に襲われる。するとラファエルは、その魚を捕らえ、肝臓と心臓、胆嚢《たんのう》を取りだし、しっかりと保存しておくようにとトビアに命じるのだ。

トビアが、魚の内臓にどのような薬効《やっこう》があるのかたずねると、ラファエルは即座にこう答えたという。

「魚の心臓と肝臓は、悪魔や悪霊にとり憑《つ》かれている男や女の前でいぶしなさい。悪霊どもの力は消えてしまい、今後いっさいその人に及ぶことはありません。胆嚢は、目にできている白い膜《まく》に塗り、息を吹きかけなさい。そうすれば、目はよくなります」

このエピソードからもわかるように、ラファエルは癒しの業《わざ》をもつ天使とされる。ラフ

⬆魚の臓物を保存するように命じるラファエル。

ァエルの「ラファ」とは、「癒す者」あるいは「医者」の意で、「人間の子らのあらゆる病とあらゆる傷を癒す」能力を有した天使なのである。

たとえば、天使と格闘して足を痛めたヤコブを治療したのも、ノアに医学書を授けたのもラファエルだった。また、神に命じられ、割礼《かつれい》の痛みに苦しむアブラハムを癒したのも彼である。

⬆外典の『トビト記』に書かれた、トビアと旅をするラファエル。

ところで、その魔術的な癒しの業のせいか、ラファエルを悪魔（デーモン）として記している書物もあった。

そこでは、ソロモンに指輪を与えたのは、実はこのラファエルだったともいわれたり、あるいはしばしば恐ろしいデーモンじみた姿をとる、などといわれたりもしている。もちろん、そこに特別な根拠はあるわけではない。

また、カバラでは、ラファエルは生命の樹の守護者であり、愛、祈り、平和、喜びなども、ラファエルが受けもつもの、とされている。

File 005

# ウリエル

## 大天使――「炎の神」「神の光」を体現する謎の天使

ウリエルは、4大天使のひとりとされてはいるものの、その立ち位置としては実に微妙な天使だといえる。

まず、この天使は外典や偽典《ぎてん》には登場するものの、キリスト教の正典にはまったく登場しない。

外典には登場するのだが、そこでは祖国を失ったユダヤ人の預言者エズラの前で、生きることの意味、終末と裁き、死者の霊がどうなるのかなど、さまざまな神秘思想を語ってきかせるというポジションなのである。

興味深いのは、ここで彼が語った神秘思想が、ユダヤの神秘思想カバラになった、ということだ。つまりウリエル

⬆アダムとエバが追放されたエデンの園を護《まも》るウリエル。

は、カバラの叡智《えいち》をユダヤ人に与えた天使なのだ。

それだけではない。ウリエルはなんと、人間にもなったとされている。

ラファエルのところで少しだけ触れたように、ヤコブという人物は、天使と格闘したとされているのだが、このヤコブこそ、地上で人間になったウリエルだといわれているのである。そのため、教会からは堕落者として非難されたこともある。

ところが、そんな微妙な立場でありながら、ウリエルにはもうひとつ、冥府の長官としての顔も用意されている。

ハルマゲドンのあとで行われる最後の審判のとき、人々の霊を裁きの場に座らせるのはまさにこのウリエルの仕事だ、とされているのである。

これはつまり彼が、冥府を支配・統治する天使ということでもあるわけだ。

こうした武力を手にしたウリエルの顔は、アダムとエバ追放後のエデンの園を、炎の剣《つるぎ》を手に護る姿からも容易に想像できる。

もしかするとその姿こそ、「神の炎」「神の光」を意味するウリエルという名にふさわしいものなのかもしれない。

⬆ヤコブは人間になったウリエルだったという説も。

File 006

# セラフィム

## 上級天使――キリストの奇跡を顕した熾烈な愛の炎の天使

セラフィムは「熾《し》天使」と呼ばれる。

「熾」という字は、かがり火がかっかと盛んに燃える様子を表す。ここからもわかるように、セラフィムのこの炎は「火をつくる者」「暖《だん》をもたらす者」であると同時に、神への熾烈《しれつ》な愛の炎そのものなのである。

この天使の特徴は、6枚の燃える翼をもっているということだ。預言者イザヤは、その姿をこう伝える。

「私は、主が王座の上に座って、顔を上げられるのを見ました。彼の上に、セラフィムは立っていました。それぞれには、6つの翼があり、2つの翼で、彼は顔を隠した。そして、2つの翼で足を覆った。そして、2つの翼で飛翔されたのです」(「イザヤ書」)

このとき、セラフィムが飛びまわっていた

⬆6枚の翼と無数の目をもつセラフィム(8世紀)。

⬆聖痕を受けた、聖フランチェスコ。

とされるのが、神の玉座の周囲である。

「聖なるかな聖なるかな、昔在《いま》し今在し、のち来たりたまう、主たる全能の神」

そう唱えながら飛ぶことで、セラフィムは聖なる炎を生んでいる。

いうまでもなく炎には、邪《じゃ》や悪を祓《はら》い、浄《きよ》めるという役割がある。セラフィムのこの炎も同じことで、炎と光によって、あらゆる悪と闇は祓われるわけだ。

また、アッシジの聖人、フランチェスコが、断食《だんじき》と祈りによってこの天使を幻視したときには、彼の脇腹と手足に、キリストが磔刑《たっけい》に処せられたときの傷跡「聖痕《せいこん》」が出現するという有名な事件も起こっている。

このときは、「6つの翼をもち、手と足が十字架に釘づけにされたセラフィム」が現れ、そのうち「2枚の翼は頭の上に置かれ、2枚の翼は飛ぶように広げられ、2枚の翼は体全体を覆って」いたという。この十字架のセラフィム＝キリストを見ているうちに、「彼の手と足に釘の傷が現れ」はじめたというのだ。

なお、義人《ぎじん》エノクは、熾天使は4人いて、それぞれ東西南北に対応しているという。あるいは、さらに多くの熾天使が存在するという説もあり、天使の王子ミカエルや、悪魔となった堕天使ルシファーなども、かつては熾天使だったといわれている。

File 007

# ケルビム

上級天使――生命の樹を守護する聖なる獣

「ケルビム」とは、「知恵に満ちた」という意味。つまり、叡智の天使であり、他者に対して知識や知恵を注ぎこむ役割を担っている。

ギリシアでは、この智天使は青い2枚の翼をもつとされた。一方、ヘブライ人は、4枚の翼と4つの顔を持つ天使と信じていたという。これは、ケルビムの出自に理由がある。というのも、もともとはアッシリアの獣身人頭の守護聖獣カリブがルーツだったからだ。

アッシリアでは、こうした聖獣が生命の樹を護るといわれていた。それが、「生命の樹（＝エデンの園の生命の樹）を護るために、ケルビムがエデンの園に置かれた」という信仰になっていくのである。

⬆ケルビム像。下の輪は座天使だ。

File 008

上級天使——神を乗せる炎の車輪

# トロネス

トロネスは座《ざ》天使。これは「神の玉座」や「ふたつの燃える車輪」を表す。つまり、神である主の戦車を運ぶ者であり、その意味では人間ではなく、空を飛ぶことのできる戦車という、きわめて物質的な姿をしている。主体はあくまでも車輪であり、座天使は、複数の目をもった車輪そのものとして描かれることが多い。

⬆複数の目をもった車輪で象徴される、座天使トロネス（7世紀）。

預言者エゼキエルによる幻視がことさらよく知られており、そこでは4つの生き物の姿、4枚の翼をもつ座天使が、炎のような光を発していたとされている（『旧約聖書』「エゼキエル書」）。

また、座天使が車輪として支える上部には、神の玉座（メルカーバー）があり、こうした神の姿そのものを幻視する、ユダヤ神秘思想家たちの秘義としての伝承もある。

こうしたことから、座天使は天使ではなく、神の乗り物そのものであり、UFOに近いのではないか、という主張もあるほどだ。

File 009

# ドミナティオス

中級天使――神の摂理の実現を目指す天使界のリーダー

手に笏をもった主天使たち（14世紀、イタリア）。

主天使のドミナティオスは、天使のヒエラルキー第4位、中級天使に位置づけられる。その名は「統治」「支配」を意味していて、まさに神の摂理を実現し、神の威光を人々に知らしめる天使のリーダーとして、さまざまな働きを担っているとされる。

そのシンボルとして、笏《しゃく》を手にすることが多いが、ほかにも冠、宝珠、剣、本などをもった姿で描かれることもある。

ただし、このクラスの天使たちは、上級天使たちのようにキリスト教以外の宗教や、民間信仰に息づいていた神々とは違い、あくまでもキリスト教神学者たちによって、観念的につくられたものだ。

したがって、上級天使たちのようなエピソードや由来などに乏しく、実際に信仰の場で人々から拝されてきたという事実もあまりない。ただ、神学における階層、ヒエラルキーや世界観を知るうえでは、きわめて重要な存在であることはいうまでもない。

File 010

# ヴィルトゥテス

## 中級天使――神の意志を実現させる力の実行部隊

中級天使の力《りき》天使は、そのまま「力」の天使を意味する。つまり、主天使からの指令を実現する、実行部隊がこの力天使なのだ。

「アダムはエバのため、主に祈った。すると、見よ、十二位の天使と二位の力がやってきて、エバの左右に立った」

と、『旧約聖書』の偽典『アダムとエバの生涯』に書かれている「二位の力」とは、まさに力天使のことだといわれる。

また、勇気や恩寵《おんちょう》、奇跡といった人々の生活に影響を与える神秘的なエネルギーにも、やはりこの神の「力」の介在が必要と信じられているようだ。

そこで気になるのは、肝心の「力」の正体なのだが、それはまさに天体の運動、四季など、自然界を動かす神の力そのものだと考えられている。ただし、ドミナティオスの場合と同じように、この天使もまた個性的に描かれているわけではない。あくまでも観念的な存在にすぎないのである。

⬆「光り輝く者」として知られる力天使。

File 011

中級天使――もっとも多くの堕天使を生んだ能天使

# ポテスタテス

中級天使3人の役割分担は、はっきりしている。主天使が指示し、力天使が実行・実現した神の摂理――それを維持していくのが、能《のう》天使の仕事だ。

「能」とは「権威」であり「パワー」を意味する。この権威は、しばしば国家と関連づけ

⬆神が最初に創造したとされる能天使。

られ、鎧甲冑《かっちゅう》で身を固め、剣や鞭を手にした勇猛な兵士の姿で描かれることも多い。

兵士ということでは、なんといっても能天使の場合、サタンの軍勢と戦うことが大きな使命とされている。それだけではない。なんと能天使は、善にも悪にも――つまり、天使にも悪魔にも――なりうる可能性を有しており、ある教皇など、彼ら能天使がデーモンを統括していると信じていたというのだ。

そのため、サタンと通じていたという嫌疑をかけられたり、実際にもっとも多くの堕天使が出た天使は能天使だともいわれている。

なかには、地獄の公爵になったり、デーモンとして多くの魔女のサバト（悪魔召喚）に呼びだされた者さえいたようだ。

File 012

# プリンキパトゥス

下級天使――この世の出来事すべての責任を負う下級天使

上級・中級の下に置かれた下級天使は、神の摂理を実現するために、直接現場で動き、汗を流す役割を担っている。逆にいえば、この天使たちこそ、もっともわれわれ人間世界に近いところに存在しているわけだ。

権《けん》天使プリンキパトゥスは、その下級天使のトップにあたり、人間社会全体を監視し、盛衰を司る役割とされる。と同時に宗教を統治し、信仰者を擁護するのも彼らの仕事だ。

つまり、この世界のすべて――時間の経過から、それにともなう文明の盛衰、人々の宗教観の推移、さらにはそれらを包括した世界の動きなど――についての全責任を負うことが彼の役割なのである。

甲冑の上にローブをまとい、冠をかぶり、剣や笏を手にした姿で描かれることもあり、一部では、力天使と混同されることもあったようだ。

⬆正統的な善悪観をもつ権天使（14世紀、イタリア）。

File 013

# アルカンジェリ

下級天使――仲介役を務める偉大なる大天使たち

アルカンジェリは、神と人間の間に入り、仲介役をつとめるもっとも馴染み深い天使たちである。日本語では大天使。英語でのスペルを見てみると「Arch-Angel」すなわち「強大な・偉大な」天使という意味になる。

不思議なのは、とても天使9階級のうち、下から2番目の天使たちにつけられるような敬称ではないことだ。しかも、7人いる大天使のうちの4人――ミカエル、ガブリエル、ラファエル、ウリエル――は、いわゆる4大天使に名を連ねているのだ。

ちなみにほかの3人については、メタトロン、レミエル、サリエル、アナエル、ラグエル、ラジエルなどが候補になっているが、必ずしも一定していないようだ。

ちなみにこの「7」人という数字にも、秘教的な意味がある。7という聖なる数に、大天使の数をあてはめた、というほうがより現実にあっているのだろう。

こうしたこともまた、この大天使の置かれた特別なポジションを物語っているようだ。

↑教皇が堕天使扱いした、大天使ラグエル。

File 014

# アンジェリ

下級天使——人間への「使者」であり「伝令」役

ヘブライ語の「マラーク（使者）」を表すギリシア語の「アンゲロイ（angeroi）」から、「アンジェリ（天使）」という言葉が生まれた。ちなみにこれは、ペルシア語「アンゲロス（angeros）」を経て、サンスクリットの「アンギラス（神霊《しんれい》）」にまでさかのぼることができるという。

だが、われわれが「天使」というときには、本書で紹介しているようなすべての階級の天使の総称として使うことがほとんどで、この下級天使のみを指して限定的にいうことはほとんどないといっていい。

そこで、この最下級の位としての天使の特性だが、基本はやはり「使者・伝令」としての役割にある。なにしろ、もっとも人間界に近いところにいる天使である。

そのため、人間的・肉体的な誘惑に勝てず、堕落したとされるアンジェリも多い。それは、天使が最終的には神の代理者であり、天使そのものはあくまでも無力だからなのかもしれない。

⬆イエス誕生で宙を舞う天使たち（ボッティチェルリ画）。

# 天使の階級

天使の階級を整えたのは、5～6世紀のギリシア人、偽ディオニュシオスだとされている。彼は著書『天上位階論』において、天使を数秘術によって3階級×3位階＝9階級に分離したのだ。

第1位階はいうまでもなくもっとも神に近い。そして、下がるにつれて人間の物質世界に近づいてくる。言葉を換えれば、人間界は、精神（霊）と肉体の結合が不完全な世界であり、神の世界ではそれが完全なる合一を見せる。そしてその中間にある天使界は、両者のギャップを埋める存在であるというわけだ。

中世の詩人ダンテは、こうした思想をもとに、宇宙の概念図をつくりだした。それによれば、天球は惑星や恒星を運ぶ透明な回転体で、複数の層によって成り立っている。そしてそれぞれの層には、階級に応じた支配天使が定められているとしたのだ。

なお、第9天の外側には至高天と呼ばれる、物質性をもたない霊的世界が広がっている。ここから先が霊的存在である天使の世界であり、また聖人となった人間が到達できる最高の境地でもあった。そして、宗教者たちの修行のすえにある究極の目標とは、まさにこの至高天へ至るということだったのである。

ちなみに神のいる世界は、至高天よりもさらに上の世界とされる。ここへは天使さえも入ることができないので、どんな世界かを知る者もいないとされているのだ。

### 天使の9階級

| 階級 | 天使名 | | 天体 |
|---|---|---|---|
| 1 | 熾天使 | セラフィム | 第9天 |
| 2 | 智天使 | ケルビム | 恒星天 |
| 3 | 座天使 | トロネス | 土星 |
| 4 | 主天使 | ドミナティオス | 木星 |
| 5 | 力天使 | ヴィルトゥテス | 火星 |
| 6 | 能天使 | ポテスタテス | 太陽 |
| 7 | 権天使 | プリンキパトゥス | 金星 |
| 8 | 大天使 | アルカンジェリ | 水星 |
| 9 | 天　使 | アンジェリ | 月 |

# 第3章

† Chpter 3 The Encyclopedia of Angels

# 世界の天使図鑑

File 015

# イスラム教の天使論

『コーラン』が教えるアラブの天使たち

イスラム教は、ユダヤ教やキリスト教と共通する『旧約聖書』という聖典をもっている。当然、そこに現れる天使の思想は、イスラム教にも含まれている。

実際、イスラムの信仰ではアッラーへの帰依に次いで、天使の存在を信じることが重視されているのである。

ただし、神学的解釈によって、より複雑かつ多層的になったキリスト教的な天使に対し、イスラム教の天使たちはもっと自由であり、根元的といえるかもしれない。

たとえばイスラム教で、ムハンマドに啓示を与え、神アッラーの言葉を伝えたのは天使ジブリールだった。

このように、神からの啓示、預言を伝える仕事が天使によって行われるという部分では、ユダヤ・キリスト教と共通している。

だがその一方で、イスラム教独特の天使たちもたくさんおり、彼らはかなり独特な性質を有しているのだ。

たとえば、「ジン」と呼ばれる多数の精霊の存在がそれだ。

人間の行動を監視する番天使ハファザ。

実をいうとジンは、火から創造されたとされ、彼らの首領はなんとシャイターン＝サタン（堕《だ》天使）なのである。

つまり、その素性だけでいえば、ジンは天使ではなく、悪魔ということになる。だが、それでいながら一概に悪魔というわけにもいかないという微妙さが、ジンの存在をユニークなものにしているのだ。

また、ハファザと呼ばれる守護天使は、4人1組で日夜、人間の行動を見張っている。そして最後の審判の日が訪れると、それぞれが人間ひとりひとりの善行と悪行を神の前で書きとどめるというのである。

おもしろいことに、イスラム教では人間を天使の上の存在としている。別項で詳しく述べるが、神が人間を創ったときに、天使に対して人間を礼拝するように、と命じたのだ。

ムハンマドに啓示を与え、アッラーの言葉を伝えたのは天使ジブリールである。つまりこの時点では、明らかに天使は人間よりも上の存在だ。しかし人間は、その言葉を信仰することによって、本当の智慧と善行を完成させることができる。その点において、天使よりも上の存在である、とされているのである。

ペルシアの精霊、ジン。『アラジンと魔法のランプ』では、主人公の願いをかなえた。

File 016

# ジブリール

## イスラム教の天使——男性の姿で受胎告知に現れた天使のエリート

キリスト教のガブリエルにあたるイスラム教の天使がジブリールだ。天使のなかでは最高位に置かれており、唯一神アラーのメッセージを預言者に伝える役割を担っている。

たとえば、ムハンマドの前に現れたジブリールは、こんなふうにそれを行った。

「ムハンマドが眠っていると、突然ジブリールが布をもって現れ『読め』といった。『読めません』と預言者（ムハンマド）が答えると、天使は布を彼に被せて抑えつけた。ムハンマドは苦しくて息が詰まりそうになった。すると天使は彼を放して、再び『読め』という。彼が躊躇《ちゅうちょ》したので、天使はまた布を被せて抑えつけた。やむなくムハンマドが『何を読むのですか』と天使に聞くと、天使はクルアーンの『凝血《ぎょうけつ》の章』を読めという。目が覚めたムハンマドは、洞窟《どうくつ》の外に出る

⬆受胎告知するジブリール（『イメージの博物誌　天使』）。

と『汝《なんじ》は神の使徒である。私は天使ジブリールである』という声を聞き、見ると天空に人間の姿で両脚を組む天使の姿があった」

ここでは人間の姿で現れたジブリールだが、本来はきわめて恐ろしい姿をしている。人間の姿は変装だというのだ。たしかにジブリールの本当の姿を見たムハンマドは、あまりの姿に気が遠くなったと伝えられている。

その異形ぶりを際だたせているのが天使の翼で、１００の小翼からなる６枚の巨大な翼と、反逆者を滅ぼす特別な翼を備えているのだという。

また、キリスト教のガブリエルのように、彼もマリアへイエス・キリストの受胎《じゅたい》告知を行っている。

ただしこのときジブリールは、たくましい男子の姿で現れたと『コーラン』には述べられているのである。このあたり、キリスト教でガブリエルが女性の姿で描かれるのとは対照的だ。

⬆真の姿を隠《かく》したジブリール（『イメージの博物誌　天使』）。

File 017

# ミーカイール

## イスラム教の天使――水や植物を支配する自然世界の総元締め

⬆人間（アダム）を拝するミーカイールたち。

後述のジブリールよりも、500年早く誕生したイスラム教の天使――それがミーカイールだ。その名前からもわかるように、キリスト教のミカエルにあたる。

ミーカイールは神の意向をくんで、ジブリールとともに、神の被《ひ》造物である人間（アダム）を拝《はい》したとされる。そしてこのとき、悪魔はそれを拒《こば》んでいるのだ。

これは、イスラム教においては、人間こそ被造物のうちでもっともすぐれた存在であり、同じ被造物である天使は、それよりも下の存在だと考えられているためである。

なお、ミーカイールの髪は黄金色で、その1本1本に顔があるという。その口はさまざまな言葉で神の怒りが和《やわ》らげられることを訴え、その目は人間の罪を嘆いて泣いている。

また、翼はエメラルド色で、眼から流れた1000の涙からは、多くの天使が生まれた。こうして生まれた天使らは、地上のすべての水や植物を支配する。ここからミーカイールは、自然の総元締《もとじ》めとされているのである。

File 018

# イズラーイール

イスラム教の天使――あまりの恐ろしさに秘密にされた死の天使

イスラム教において、死の領域を担当する、いわゆる「死の天使」がイズラーイールだ。彼は、人間の死後の行き先を決める帳簿である「運命のタブレット」を手に、死期が近づいた者の名に善人、悪人の印をつける。身長は700フィート、翼も4000あり、そこには人類と同じ数だけの目がある。

この無数の目は、人が死ぬごとにひとつずつ閉じられる。そしてこの世の終わり、終末のときには、ついに8つの目が残されるだけになるという。残った8人とは、4大天使と、神の玉座を担ぐ4人の天使――それ以外はすべて死に絶えるのだ。

こんなにも恐ろしい「天使」イズラーイールが、死ぬ直前、変装して従者とともにやってくるのである。

あまりにも恐ろしすぎるその特質ゆえに、神はイズラーイールの存在を秘密にしていたという。そしてあるとき、神によってその存在が明かされると、ほかの天使たちは1000年間、気を失ったというのである。

↑死の天使、イズラーイール。

File 019

イスラム教の天使――世界の終わりに滅びのラッパを吹く炎の天使

# イスラーフィール

イスラーフィールとは、「燃えているもの」を意味する。燃える炎がすべてを焼き尽くすように、この天使の役割は、この世の終わりを告げることにある。

そのとき、神の命令によって、イスラーフィールはラッパを吹く。このラッパの音色が、世界のすべてのものの滅びを告げるのだ。

その音色は2度。

最初は、地上のあらゆるものが壊され、生物が死に絶える。山は崩れ、大地が平らになされる。そして次のラッパで、死者の魂が甦《よみがえ》り、最後の審判がくだされるのである。

なお、イスラーフィールは4枚の翼をもつが、左右の翼は東西にかかり、第3の翼は大地を覆い、残る翼で自らの顔を覆うとされている。これは、神の威光を畏れ、それを目《ま》の当たりにしないためなのだという。

↑イスラーフィール。

File 020

# スーフィズムの天使

## 幻視者が見た個性豊かな天使たち

イスラム教のなかにあって、神秘主義的な立場をとるものをスーフィズムという。つまり、神との直接の会話、幻視などによって叡《えい》智《ち》に触れようとする者たちだ。なかでも天使との遭遇は、彼らにとってきわめて重要な宗教体験のひとつだった。

月神の周囲を天使が囲むスーフィーの天界観。

　たとえば、スーフィズムの代表的思想家のガザーリは、スーフィー（スーフィズムを実践する修行者のことをいう）なら目覚めたまま天使を見ることができると断言し、そのときに助言をもらうことも可能だと説いた。また、中世イランのルーズビハーン・バクリー・シーラージーは、自ら山の頂に天使の一群を見たと証言。天使は海を指して彼に「西方へ泳いでいけ」と命令したという。

　このようにスーフィズムにおいては、天使を幻視し、啓示を受けることがきわめて重要視され、次第に正統イスラム教とは異なる天使論が形成されていくようになったのである。

File 021

# アルコーン

## グノーシスの天使――造物主のもとでこの世を創造した「支配者」

アルコーンは、ギリシア語で「支配者」を意味している。そして彼らのなかのトップが、世界の造物主＝神になるとされる。

このことからもわかるように、アルコーンは複数――というより、むしろ多数――存在している。そのなかの「第一のアルコーン」が、グノーシス主義における「この世の創造者」であり、そこから数々のアルコーンが派生したとされたのである。

ここまでは、ユダヤ教やキリスト教の神、ヤハウェと天使の関係に近い。

ところが、この原初の創造者は、自らの権力と無知、傲慢《ごうまん》さから、「私こそが神であり、私のほかには誰もいない」と宣言してしまう。その結果、グノーシス主義者のいう「不滅の神」から、「おまえは間違っている」と宣言され、その息子は物質界に降臨《こうりん》。そこでさまざまなアルコーンになったのだ。

こうしたことから、グノーシス主義から見るとアルコーンは、創造者でありながらも、傲慢で低劣な存在だったと解釈される。それゆえ、彼が創造した世界と人間もまた、創造者と同じように不完全なものとなったというのだ。

要するに、この世にはびこる「悪」の原因は、すべてこのアルコーンの低劣さと傲慢さに起因する、というのである。

では、そんなグノーシス主義者が本物の神と認めるのはだれかというと、アイオーンという神である。

アルコーンとは名前が似ているので混同されやすいが、グノーシス主義では高次の霊とされるアイオーンこそ「真の神」であり、ユダヤ教やキリスト教などが信仰している神は「偽の神」であるとされているのだ。

こうして、グノーシス主義では、ひとつの目標が生まれる。

彼らの理想の神はアイオーンだが、現実に自分たちが住むこの世をつくったのはアルコーンである。したがって自分たちも、アルコーンの「呪縛」のうちにある。

彼らにとっては、そのアルコーンによってつくられた世界から脱出することこそ、究極の救いなのである。

↑ペルシアの時の神に由来するアイオーン。

File
022

# アブラクサス

## グノーシスの天使――天界に君臨する天使の君主

↑天使の君主、アブラクサス。

グノーシス主義による宇宙論で、最高の境地とされる天界にいる、天使の君主がこのアブラクサスだ。

その姿は頭がニワトリ、足がヘビ、体が人間という、まったくもって不思議な姿で描かれるが、もちろんそこにはそれぞれ意味がある。ニワトリは太陽を、ヘビは知識を象徴しているのである。

この天使は、アルコーンよりも上位に君臨しているが、彼はそこが世界の頂点だとは思っていない。この世界の外に、すべてを超越する神が存在することを知っているからなのだという。そこが大きな違いなのだ。

ちなみに、アブラクサスがいる天界は、第３６５天とされる。そして、アブラクサスの名前の綴りを数秘術で解釈すると「３６５」という数字に置き換えられる。これは１年の日数でもあるわけで、ここからもこの天使が世界を支配する理由が裏づけられるのだ。

なお、この天使は、キリスト教からは、堕《だ》天使とされていた。

File 023

# 十二天使

## グノーシスの天使――サマエルの創造天使

グノーシス主義で、サマエルが創造した12人の天使をいい、天空の12宮に対応する。その名前を列挙すると、ハオート（白羊宮）、ハルマス（金牛宮）、ガリラ（双子《そうし》宮）、イヨーベル（巨蟹《きょかい》宮）、アドーナイオス（獅子宮）、サバオート（処女宮）、カイナン・カミン（天秤宮）、アビレッシア（天蝎《てんかつ》宮）、イヨーベル（人馬宮。巨蟹宮と重複）アルムピアエール（磨羯《まかつ》宮）、アドーニン（宝瓶《ほうへい》宮）、ベリアス（双魚宮）である。

サマエルというのは、紀元前2000年ごろシリア地方にあったアラム人の国の王の名前だとされるが、グノーシス主義では、この名前が複数回登場する。また、ユダヤでは、もともとは熾《し》天使よりも強い力をもつ天使だったが、ミカエルに戦いを挑み、堕天使となったとも伝えられている。

12宮と天使の対応を描いた絵。

# File 024 メタトロン

グノーシスの天使――玉座を取り巻く「天使の王」「契約の天使」

メタトロンは、メトラトン、ミトラトン、ミトロンなどとも呼ばれる。

その語源は「玉座を取り巻く者」という意味にあるともいわれるが、真偽は不明だ。ただし、ユダヤ教においては、キリスト教の大天使ミカエルに匹敵する重要な天使である。

⬆巨大な体をもつメタトロン。

それは、ユダヤの秘教カバラで、メタトロンが生命の樹の頂天のセフィロト、ケテルに立つ創造の大天使とされることからもうかがえる。イスラエル12支族を導いたのも、ノアの洪水をノアに知らせたのも、この天使だったのである。

それ以外にも天使の王、契約の天使、天の律法家などと呼ばれているわけだから、この天使の重要性は明らかだ。

『旧約聖書』の「出エジプト記」では「太陽よりも光輝燦爛《こうきさんらん》とした」火柱となって出現している。また、その体は巨大で、一説には世界中に広がるほどの大きさだといわれ、「出エジプト記」の記述からは、4メートル近い大きさだと推測されるという。

File 025

# 守護天使

グノーシスの天使——国民、国家を守護して活動する天使

個人あるいは都市、民族、さらには国家に至るまでを守護し、教え導くのが守護天使の役割だが、それだけではなく、死後も魂を守護し、冥界へと導いてくれたりする。まさに、生まれてから死んだあとまで、ぴったりと寄り添ってくれる天使が守護天使なのだ。

古代オリエントでは、国を治めるのは神で、王は代理にすぎないとされた。つまり、それぞれの国の背後では、それぞれの神＝守護天使たちが護っていた、ということなのだろう。

ちなみにカトリックでは、教皇や聖人が、守護天使を篤《あつ》く崇敬したおかげで、未知の外国語を聞き取ることができたり、相手の思いをテレパシーのように感じたりすることができたというエピソードもある。このように彼ら守護天使たちは、人間ときわめて近いところで活動するものなのだ。

⬆ダニエルを護る守護天使（『黙示録註解』挿絵）。

File 026

# ゾロアスター教の天使論

## 悪の存在を初めて公式に認めた宗教

ゾロアスター教は、最初に悪の存在を公式に認めた宗教である。

開祖ゾロアスターは、その悪＝悪魔と神の戦いを教義の根底にすえ、光と闇の対立＝二元論を説いた。したがって、悪魔に対抗し、神のもとで働く天使たちも数多くいる。

しかもゾロアスター教では、こうした天使たちにそれぞれ明確な個性と役割が与えられ、階級を有していることが大きな特徴となっているのだ。

その階級は、アフラ・マズダーという最高神の下にアムシャ・スプンタという6人の大天使がいて、さらにヤザタという一般の天使が続く。そしてそこに、有名な守護天使であるフラワシが加わる、という構成だ。

このうちのアムシャ・スプンタは、アシャ＝正義、ウォフ・マナフ＝善思、クシャスラ＝統治、アールマティ＝信仰、ハルワタート＝完全、アムルタート＝不死というように、それぞれが特定の道徳的価値観と結びつけられている。

また、アムシャ・スプンタはアフラ・マズダーによって創造されたとされ、互いの魂を見守っている、とする。そのため、彼ら6人の天使たちは、アフラ・マズダーの機能を分割・分担したものである、とする説もある。

ゾロアスター教の開祖、ゾロアスター。

彼らの住居は最高天にあって、彼ら自身、まるで王のように黄金の玉座にいる。その光り輝くさまは想像を絶するものとされ、彼らの前に立ったゾロアスターは、あまりのまぶしさに自分の影さえ見ることができなかったと伝えられているのだ。

　とまれ、こうした役割はヤザタの天使たちにしても同じで、彼らも大きくは精神的・物質的に分かれるものの、やはりそれぞれが勝利や寛大、安寧《あんねい》などの特定の概念とつながっている。そして、こうした役割のなかで、やがて訪れる最後の審判の日へ向けて、ひたすら準備を重ねているのだ。

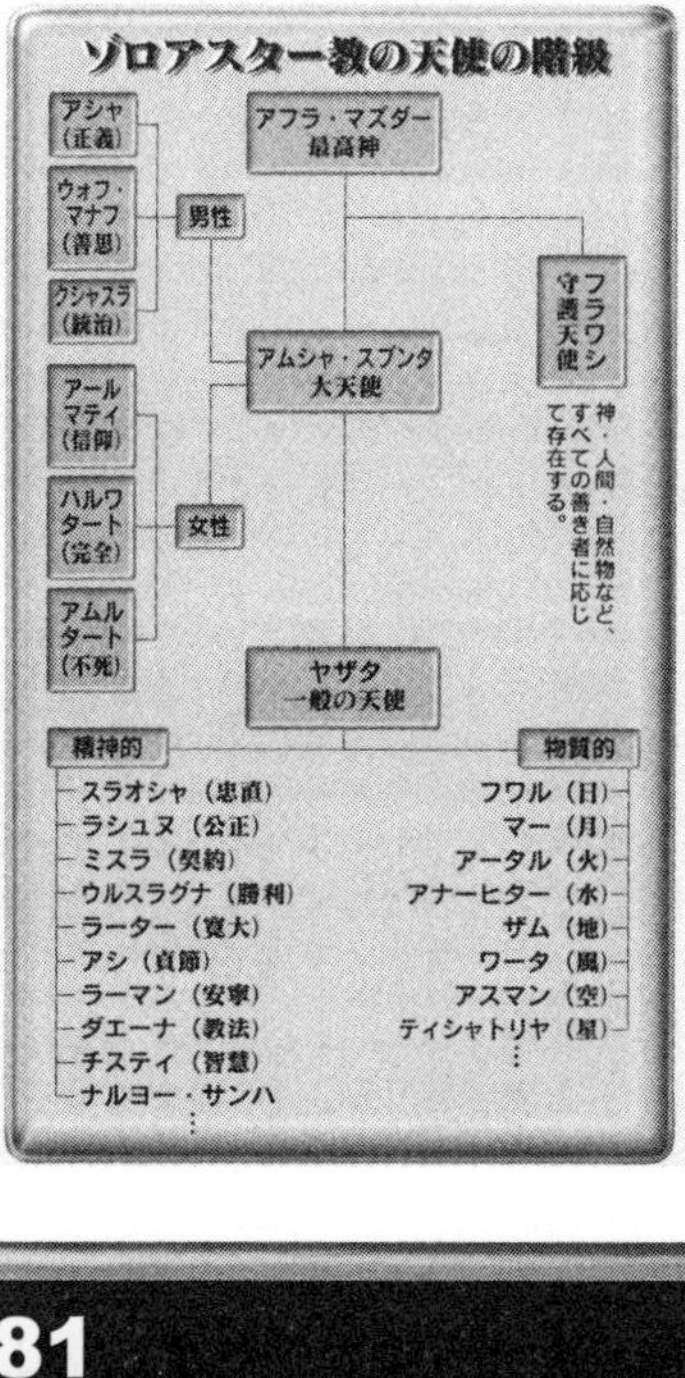


（上）ゾロアスター教の最高神であるアフラ・マズダー。
（下）ゾロアスター教における天使の階級図。

File 027

# フラワシ

ゾロアスター教の天使――人間に生まれ変わった世界の守護天使

ゾロアスター教における守護天使がこのフラワシだ。

その昔、神が霊的世界でフラワシを創造した。フラワシはそこで、神とともに暮らしていたが、あるとき神にこういわれる。

「天国に留まるか？　悪と戦うために地上に降りるか？」

地上世界で悪と戦えば、より永遠で完全な存在になれると考えたフラワシは、地上に降りることを選んだのだ。

フラワシは地上で、多くの有名な人物を守護した。あるいはその人物そのものがフラワシだったともいわれている。

たとえば、ゾロアスター教の開祖であるゾロアスターも、かつては天国に住むフラワシだったと、聖典『アヴェスタ』は告げる。

「人間に酷使されることを嫌った牛が、強力な支配者を送って家畜たちを保護してくれと神に祈った。神は、牛は家畜としての運命からは逃れられないが、それでも牛の殺害を最小限にとどめるよう、人間たちを指導する者を派遣すると約束。それがゾロアスターだった」――というのだ。

このように、地上にはたくさんのフラワシの「生まれ変わり」が存在する。だから人間は、それぞれの人物の業績や故事を知ることで、彼らを守護しているフラワシの霊験《れいげん》を知り、願いに応じて祈ることができるのだ。

また、そうでない場合でも、この天使を祀《まつ》ることで、家や村、国家には繁栄と豊作がもたらされるとされた。

このように多彩な能力をもつフラワシは、どんな願いでも成就してくれる神の代理人のような存在といえる。

実際、彼らは神を助け、空を支え、大地を広げ、水を保ち、家畜を養い、植物を成長させるエネルギーなのだ。

ちなみに地上を訪れるときには鳥のように飛来。その数は9万9999にも達する、善き、強き、聖なる存在なのである。

なお、フラワシは、翼をもって天界からやってくることから、天使像の原型になったともいわれている。そのくらい、人間にとっても身近な存在であり、仏教ではやはり天使的な飛天になったとされる。

⬆フラワシのひとりとされる、キュロス大王（前6世紀）。

File 028

# ウォフ・マナフ

ゾロアスター教の天使——人間のすべての行動を審判する思考の天使

ゾロアスター教の開祖であるゾロアスターが啓示を受けた際に、きわめて大きな影響を与えたのがウォフ・マナフだ。

というのも、川で修行するゾロアスターを、天国のアフラ・マズダーのもとへ連れていったのが、教えを象徴する杖を手にしたウォフ・マナフだったからである。

⬆ウォフ・マナフを刻んだコイン。

この天使は天国で死者の魂を迎え入れる役割を担っている。

また、人間のすべての善悪の行動を記録しており、善と悪の区別も司る。ウォフ・マナフは、こうしたデータをもとに、実際に裁きを行うわけだ。それを可能にするのは論理的判断で、なにしろこの天使の名前は、古いアヴェスターの言葉で「善い思考」を意味しているのである。

ちなみにゾロアスター教では二元論が基本となるので、当然、「悪い思考」も存在する。それがアカ・マナフだ。

ウォフ・マナフは、身の丈《たけ》がゾロアスターの9倍もあったと伝えられている。ここにはゾロアスター教の聖なる数字「3の3倍」という意味が込められているのだという。

File 029

# クシャスラ

## ゾロアスター教の天使——灼熱のマグマで善悪を振り分ける王国の統治者

クシャスラは、ゾロアスター教6大天使のひとりで、その名前は「王国」という意味をもっている。

文字どおり、統治の天使である。と同時に、地下の鉱物の守護者でもあるという。

ゾロアスター教でクシャスラが重視されるのは、この天使が最後の審判の裁きの場で、きわめて重要な役割を果たすとされているからである。

終末のとき、この天使は大地を覆う灼熱の溶鉱＝マグマとともに現れる。

この溶鉱は、最後の審判で甦《よみがえ》ったすべての霊が浴びなければならないものなのだが、そのとき、善人の霊なら熱さはいっさい感じずに、むしろ楽しむことさえできる。逆に悪人の霊は、猛烈な熱さで悶え苦しむことになるのだ。

もちろん溶鉱は浄化のシンボルであり、これを通過して初めて、人間は神の前で審判を受けることを許されるのである。

いうまでもなくこうした思想は、のちのユダヤ教、キリスト教、イスラム教の終末論においても、大きな影響を与えることになったのだ。

⬆クシャスラを刻んだコイン。

File 030

# ワータ

ゾロアスター教の天使——勝利を招く善なる風の天使

ヤザタのひとりであるワータは、勝利を招く強く美しい天使だといわれている。

もともとは土着の神だったが、ゾロアスターによって下級天使であるヤザタに降格されたものだ。その属性は「風」で、名前のワータも「風」を意味している。

ゾロアスター教に限らず、天使はしばしば善と悪の両面性をもって表されるが、このワータも例外ではない。とくにその属性が風ということで、風は空中——天界と地獄の中間——を移動するために、神と悪魔のどちらにでも結びつきやすいとされる。

もちろん、天使として現れるワータは「善なる風」であり、最後の審判の日にはアフラ・マズダーにつきしたがって現界にその姿を見せるのだという。

ペルシアのワータに由来するクシャン朝の風神（大英博物館蔵）。

File 031

ゾロアスター教の天使——富や領土を増やす豊饒の女性天使

# アナーヒター

ゾロアスター教における女性天使。水の天使で、黄金の衣装を身にまとい、黄金の耳飾りと頭飾りをつけ、さらに黄金の靴をはいている。そんな姿で、4頭だての白馬の馬車に乗ってやってくる。

もともとは川や水を司る水神で、「ハラフワティー・アルドウィー・スーラー＝水をもつ者」と呼ばれていたことから、インダス河の女神であるインド神話のサラスヴァティーと同起源ではないか、とする説もある。

川や水を司るということから、この天使はあらゆる命を育むとされた。すなわち、彼女の恵みによって、人間は灌漑《かんがい》を広げ、家畜を殖やし、豊穣な作物を得、最終的に富や領土を広げていくことができると考えられたのだ。

もちろんそれは、安産ということにもつながったし、知恵や力を得るということとも同じであった。

⬆水差しに描かれた天使アナーヒターの像（イラン考古学美術館）。

File 032

# フワル

## ゾロアスター教の天使——あらゆるものを浄める神の目

フワルもヤザタのひとりであり、もともとは太陽神に分類されていたが、ここでも太陽の守護天使となっている。というのもフワルはアヴェスタ語で「輝ける太陽」という意味があるからだ。また、インド神話における太陽神スーリヤと、その名前において同じ語源をもつとされている。

　フワルはゾロアスターの「目」となって地上を見つめ、あらゆるものを浄化する。ゾロアスター教では「鳥葬《ちょうそう》」という、鳥に遺体を食べさせる葬儀を行っていたが、このときには遺体を太陽＝フワルの目の光にさらすことで、浄められることを願ったのである。

　なにより、太陽が昇らなければ世界は闇に包まれ、悪神の天下となるだろう。それもあって、太陽への礼拝は、ゾロアスター教徒にとってきわめて重要な日課でもあった。

このフワルへの礼拝はゾロアスター教徒の重要な日課である。

File
033

# ミスラ

## ゾロアスター教の天使——洋の東西に広がっていった人倫の天使

ミスラはもともと、アフラ・マズダーとともに、古代イランの最高神とされる重要な存在だった。また、インド神話のミトラとも起源を同じくする古い神格で、名前は「契約」を意味する。

1000の耳と1万の目をもち、8人の家来を従えながら、最後の審判では判官役を務める——まさに、人倫を護り、悪行と善行を監視する天使なのである。

民間信仰も盛んに行われ、ミスラを重視する教団も多く存在した。後にはギリシアやローマでも、ミトラス教の太陽神として崇《あが》められるようになる。また、東方では、仏教における弥勒菩薩《みろくぼさつ》（マイトレーヤ）が、このミスラ神を起源とするのではないか、という説もある。

われわれのよく知る弥勒菩薩の救世主的な性格は、まさにこのミスラから受け継いだものだというのである。

↑ミスラ像。

File 034

ゾロアスター教の天使――悪と闘う天国への引導者

# スラオシャ

スラオシャは、実直の天使といわれる。ヤザタのひとりで、「服従」「遵守」も意味している。死者の魂が渡る「判決の橋」チンワトで、ミスラ、ラシュヌとともに判決を下す三神のひとりでもある。

呪文を武器に悪と戦い、聖職者を守護する役割を担う。

また神アフラ・マズダーの教えは、最初にスラオシャにもたらされ、次に人間に伝えられる。そのためスラオシャは「耳を傾ける者」とされた。逆に人間の願いもスラオシャからアフラ・マズダーに届けられると信じられており、「アフラ・マズダーの耳」であると見なされていた。

雄鳥を家来にし、聖火を悪霊たちから守るために、日没後も休まずに戦っているとされる。その意味でスラオシャは、むしろ戦士に近い。そのためゾロアスター教では死者が出ると、その魂の守護を願い、3日間、スラオシャを祀るのである。

スラオシャをかたどったといわれる像。前8～前7世紀（中近東文化センター蔵）。

File 035

# ウルスラグナ

ゾロアスター教の天使――怪力無双の戦いの英雄

ヤザタのひとりで、勝利の天使であり、戦士や旅人の保護者でもある。

ミスラの武器のひとつとして、鋭い牙をもつ「ウルスラグナ」という猪が挙げられているが、この天使は変身を得意とし、それ以外にも風、雄牛、馬、駱駝《らくだ》、若人、大鴉、雄羊、山羊、戦士と10の化身に姿を変えるといわれている。

その姿は、鋭い牙をもち、近づきがたい荒ぶる野獣と形容され、すべてのものを一撃で破壊する力をもっている。この力はもちろん、障害を打ち破る力でもある。

また、インド神話における雷神インドラの別名＝ヴリトラハンと近いことから、インドラと同じ起源をもつとされる。

さらに、この天使の名にちなんだ「バフラーム火（帝王火）」は、ササン朝ペルシアを守護する聖火とされ、歴代皇帝の篤《あつ》い尊崇を受けているのである。

コマゲネの王と握手するウルスラグナ（右）。

インドの宮殿天井に描かれたアプサラスの輪舞。

File 036

アジアの天使――神と人間の中間にある美しき天女

# アプサラス

インド神話に登場する、美しい天女がアプサラスだ。その名前には「雲の海を行く者、水のなかで動く者」という意味がある。つまりこの天女は、水と深い関係がある。人間と恋に落ちることもあり、こんな話も伝わっている。

あるとき、神がアプサラスの美しさに嫉妬《しっと》し、彼女に呪いをかけて人間界に落としてしまう。そこでアプサラスは、人間のプールラヴァス王からプロポーズされ、裸体を見せないことを条件に結婚した。そして約束が破られると、彼女は姿を消してしまうのだ。

おわかりのようにこれは、日本などに伝わる羽衣伝説の原形といっていい。

ただし、アプサラスの場合、羽衣伝説の天女のように二度と帰ってこなかったわけではない。なんとガンダルヴァのとりなしによって、再び王と暮らすようになるのだ。

File
037

# ガンダルヴァ

アジアの天使——諸願をかなえる天上の楽師

アプサラスと人間の王の間をとりもったガンダルヴァ。だが実は、この天使はアプサラスの夫であるともいう。

ただ、ガンダルヴァはとにかくたくさんいて、一説には総勢6333人というから、エピソードにしても一筋縄ではいかないのだ。

また、神々を鼓舞《こぶ》する「天上界の楽師」ともいわれ、黄金の翼をもち、不死をもたらす神酒ソーマを護っている。また、香を食べ、全身から妖しい香りを放っているという。

こうしたことから女性、とくに若い女性たちの信仰を多く集め、独身女性には結婚の願いをかなえ、結婚後は多産をもたらすとされ、さらに仏教に取り入れられて「乾達婆《けんだつば》」となってからは、胎児や子供たちの息災を護る神だとされた。

また一方で、人間たちの戦いを観察し、古代インドの聖典『バガヴァッド・ギーター』では、主人公のアルジュナに自らの武器を授けたとされている。

雅楽によって神々を鼓舞するガンダルヴァたち。

File 038

# ガルダ

アジアの天使──天空を自由に駆ける〝ヴィシュヌ神の乗り物〟

インド神話に登場する怪鳥で、白い顔、赤い翼をもち、体は黄金に輝くヴィシュヌ神の乗り物である。その姿から、鳥の王とも称えられ、ヘビの敵でもある。

その素性については、インドの古代叙事詩である『マハーバーラタ』に詳しい。

聖者と天女の間に生まれたガルダは、母がヘビ族との賭けに負けたため、母子で幽閉されてしまった。ガルダが母と自分を解放するように訴えると、ヘビ族は天界から不死の霊液であるアムリタをとってくるように要求する。ガルダは見事にアムリタを盗むことに成功するが、逃げる途中でヴィシュヌ神に見つかってしまうのだ。

ところがヴィシュヌは、ガルダの勇気と行動力を認めて許し、以後、自らの乗り物として仕えさせるようになったのである。

なお、ガルダはアジア各地に広く伝播し、さまざまな姿で見ることができる。

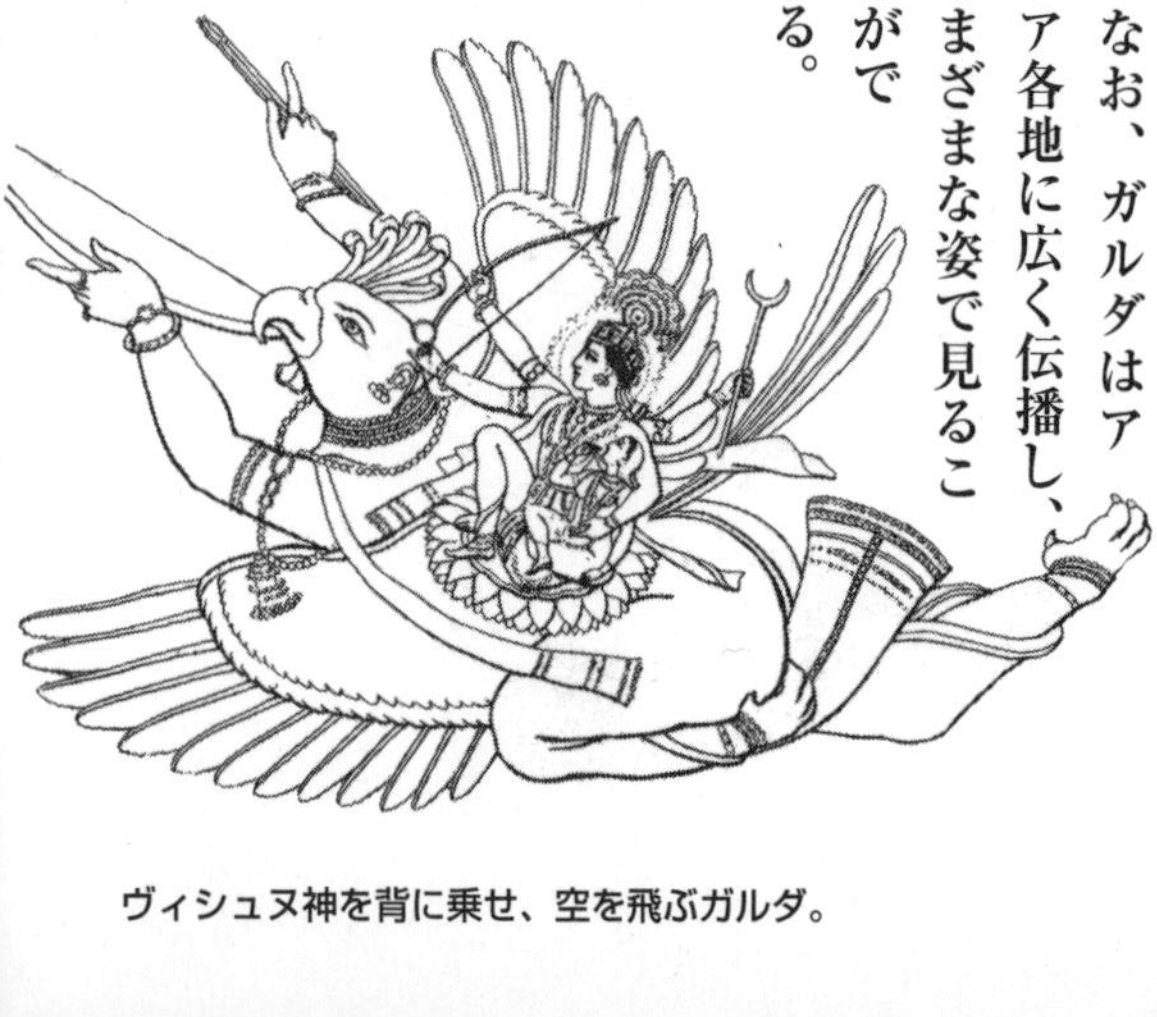

ヴィシュヌ神を背に乗せ、空を飛ぶガルダ。

File 039

# 雷公

## アジアの天使――人間の生殺与奪を握る天刑の執行者

中国の道教の神。雷の神、いわゆる雷神で、日本の民間信仰や神道では「雷様」「雷電様」「鳴神」とも呼ばれる。

ただし中国では、雷公を統治する雷帝の指示のもとで、天の刑罰を執行し、自然界の営みを司るものとされる。

雷帝は、人間の生殺与奪を握っていて、さらにはそれぞれの吉凶禍福さえ操作できる力をもっている。

左上と上、いずれも雷公。背に大きな翼がある。

具体的には、豊作祈願、治病の呪術、悪霊退散などで、日照りが続いたときの雨乞いなどでも祈りが捧げられていた。

また雷公は、親不孝者や穀物を粗末にしたものにとりわけ罰を加えるといわれている。だから、雷に打たれて死ぬのは、雷公の罰を受けたということであり、きわめて不名誉なことだと中国では見なされているのである。

File 040

# 飛天

アジアの天使――天上、浄土に住む仏の讃仰者

インドのアプサラスが仏教に取り入れられ、飛天《ひてん》になったとされる。空中で舞い、仏を称える存在だ。

仏教説話を集めた日本の『今昔物語集』では、飛天は極楽浄土や兜率天《とそってん》（仏教における六天の第位で、弥勒菩薩が住む場所とされている）からやってくる。そして善人を浄土に送り迎えする役割を担うとされている。

また、音楽を奏で、なんともいえない天の香りを薫《くん》じる。そのあまりにも優雅な姿は天使そのもので、仏教施設の天井などにもよく飛天は描かれているようだ。

こうしたことから、別名で「楽天」とも呼ばれる。ただし、この天使には人間と同じように「死」が存在するとされており、仏教思想のなかでは輪廻転生《りんねてんしょう》の縛りからは逃げられないのだという。

その前兆は「五衰《ごすい》」と呼ばれ、衣服が汚れ、髪がしおれ、臭気を発し、汗を流し、楽しめなくなる。これが飛天の、死の前兆なのだ。

祇園祭の燈籠に描かれた飛天（綾傘鉾保存会蔵）。

File 041

# 日天子・月天子

## アジアの天使――昼と夜を照らす天の使い

日天子《にってんし》は、三光天子《さんこうてんじ》のうちのひとりで、太陽を神格化したものだとされる。

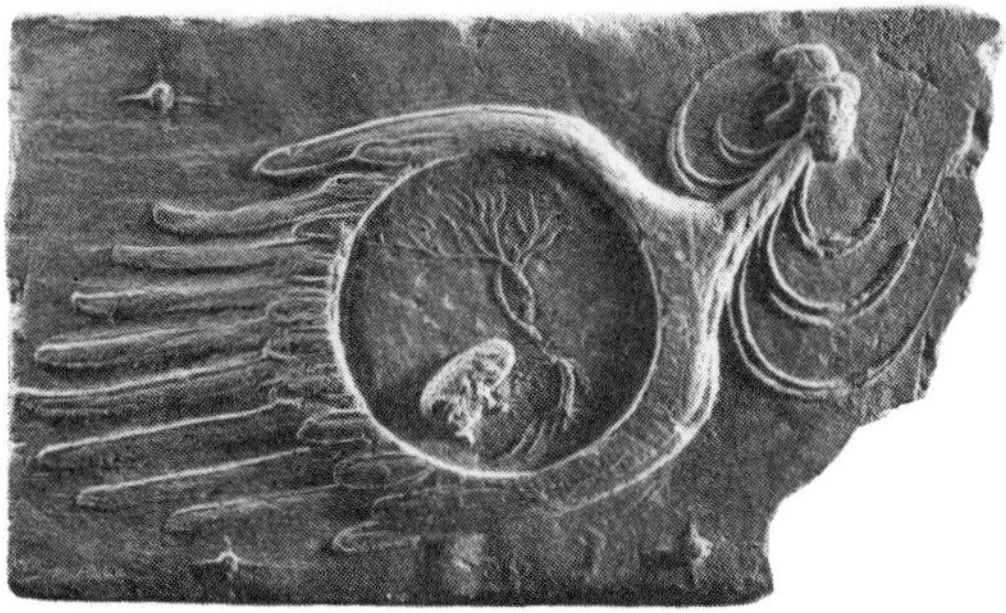

羽人の姿で刻まれた月神。体の中に、月を象徴する一株のヒキガエルがいる（四川省博物館蔵）。

また月天子《がってんし》もやはり三光天子のひとりで、こちらは月を神格化したものである（ちなみにもうひとつは明星天子で、金星の神格化）。

もともとインドでは、日天子はスーリヤ、月天子はソーマという名で、まったく別の神だった。仏教に取り入れられてからは、太陽（昼）と月（夜）のペアとなり、昼夜にわたって絶え間なく世界をてらす「天の光の使い」とされたのだ。

実際、彼らの役目は、昼夜にわたって人間を照らし、仏を信じる者を保護し、その願いを聞き、すみやかに助けの手をさしのべるということにある。

唐の古画模本に描かれた日天。キジル時代（東京国立博物館蔵）。

File 042

# 仙人

## アジアの天使——悪人を懲らしめ、貧者を救う天帝の使者

仙人を天使というと、多少、違和感を感じるかもしれない。だが、その性質を考えれば、やはり天使的な要素がきわめて強い存在だといわざるをえないだろう。

仙人は中国の道教に登場する、天帝に仕える不思議な力をもった人々だ。一般には男性、それも老人のイメージが強いが、実際には女性の仙人もいるとされる。男の仙人の最高位は東王父《とうおうふ》で、女の仙人の最高位は西王母《せいおうぼ》だとされる。そしてそれぞれが無数の男女の仙人を配下に従えているといわれているのだ。

西王母は、いうまでもなく有名な中国神話上の女神で、東王父の妻だとされている。人人の運命を司る神とされ、民間信仰では不老不死の女神として崇敬されているのだ。

彼らの仕事は、死者を迎えに地上へ降り、魂を昇仙させることであり、またときには悪者をこらしめ、貧者を助けることもあると信じられている。

龍に乗って天から降下する仙人。
雲や鶴に乗ることも多い（漢画像石『金石策』）。

File 043

# 童子

アジアの天使――仏法を守る聖なる子供

「童子《どうじ》」という言葉には、わらべ、こども、寺に入ったもののまだ剃髪得度《ていはつとくど》していない少年などという意味もあるが、ここでいう童子は菩薩や明王などの眷属《けんぞく》であり、仏教を守護する護法善神の使者を指す。

名前のとおり子供の姿で現れるが、その力は絶大で、法力がある僧侶に忠実に仕えるといわれている。

童子のひとり「護法童子」。剣を身につけ、輪宝を転じながら飛来する（『信貴山縁起絵巻』より東京国立博物館蔵）。

童子には、さまざまな者がいる。

不動明王・文殊菩薩の眷属にはいわゆる「八大童子」がいるが、不動八大童子は慧光《えこう》、慧喜《えき》、阿耨達《あのくだつ》、指徳《しとく》、烏倶婆誐《うくばが》、清浄比丘《せいじょうびく》、矜羯羅《こんがら》、制吒迦《せいたか》がいる。

たとえば制吒迦童子は、赤身で髪を5つに束ね、右手に金剛棒、左手に金剛杵《こんごうしょ》を握るという姿で現れ、悪事罪障を払い、願いをかなえてくれるといわれている。

ちなみに日本には、天使ではない「童子」も存在した。平安時代、京の都を荒らしまわった酒呑童子や茨木童子がそれである。

彼らは伝説上の存在ではあるが、まぎれもなく「鬼」だった。つまり、悪魔である。童子という言葉は子供を表すから、善悪どちらにもなれる存在が「童子」なのかもしれない。

File 044

# 天狗

## アジアの天使——里人の隣にいます山の主

日本の山の神で、山伏の服装をし、高い鼻もしくは嘴《くちばし》、さらに翼をもった姿でおなじみだ。そのルーツについては中国の流星だとされ、そこでは流星の尾を「天の狗《いぬ》」にたとえたのだという。また、その姿はインドのガルダにも似ており、さらには天使の共通モチーフである翼を備えることからも、ルーツは中東まで遡る、という説もある。

日本では、その数は無数といっていいほどで、いずれも深山に住み、有力な天狗のもとで組織的に暮らしているとされる。

基本的には仏法を護り、山を汚す者を懲戒する立場だが、民間伝承では神隠しとして人をさらったり、天狗倒しで大木を倒したりする妖怪として語られることも多い。

また、天狗は相撲が大好きで、日本には各地に「天狗の相撲場」というものがあるという。いわば人間との力比べだが、これなどはヤコブと格闘した天使を思い起こさせるのだ。

金比羅大権現の眷属《けんぞく》としての烏天狗（左）と大天狗。

File 045

# 聖狐

アジアの天使——神意を速やかに伝える聖なる獣

天使が神の使いであるなら、日本ではおそらく動物がそれにあたる。八幡神の鳩、春日明神の鹿、三輪山の蛇などがそれで、彼らはいずれも神の顕現に先立って、その意を示すために出現するといわれているからだ。

なかでも、神の使いとしてもっともよく知られているのは、稲荷神の狐だろう。

そもそも狐は古来、日本人に神聖視されてきた動物で、『日本書紀』にも日本《やまと》武尊《たけるのみこと》を助ける白狐が登場するほどだ。

ところで、なぜ稲荷神の使いが狐なのかというと、稲荷社の主祭神は宇迦之御《うかのみ》魂神《たまのかみ》で、別名「御饌津《みけつ》神」ということに由来する。この「ケツ」の読みが「キツネ」に通じて、御饌津神が「三狐神」となったのである。

さらに、一般に稲荷狐が白狐であるのに対し、仏教系のダキニ天は金狐・銀狐という眷属をもつことで知られている。

笠間稲荷（茨城県）で宇迦之御魂の神使として描かれる聖狐。

# 天使の翼

天使に翼があるのはなぜなのか。ミカエルもガブリエルも、みな翼をもっている。それも、セラフィムは6枚、ケルビムは4枚の翼があるという。イスラム教のイズラーイールに至っては、その数4000に及ぶとも……。

だが、もともと有翼というのは天使の専売特許ではない。ギリシア神話の勝利の女神ニケやクピド（キューピット）は、有翼の神である。エジプトの真理の女神マアト、メソポタミアの女神イシュタルにもやはり翼がある。

だが、キリスト教では、神は自分の体に似せて人間を創造したとされた。ということは、神には翼はないことになる。しかし、翼がなければ、天界から地上に降りていってメッセージを伝えることができない。そこで——天使には翼が必要となったのである。

また、ゾロアスター教の神アフラ・マズダーは、有翼円盤に乗っていることで知られているが、この円盤も翼をもった天使フラワシだといわれている。そしてフラワシは東へと伝播し、ガルダや天狗などの神々や妖怪のルーツになったとされる天使なのだ。

日本の正月の注連《しめ》飾《かざ》りも、このフラワシ＝有翼円盤の名残だという説もある。

真ん中のダイダイが円環（祖霊の魂）で、左右の注連縄が翼だというのである。

ちなみにルネッサンス期の画家たちは、天使の体との比率において、もっとも美しいバランスの翼を描きだした。もちろんそれは、空力学的にはあまりにも非力だったが。

ギリシア神話の女神ニケ。

# 第4章

† Chpter 4　The Case of Angel Encounter

# 天使との遭遇

File 046

神々の御使いに、どこで出会えるのか？

# 天使遭遇の軌跡

いつの時代、どこの地域にも、天使と出会った人々はいる。

人類で最初に天使と遭遇したとされるのが、聖書で人類の祖とされるアブラハムだ。

彼は、邪悪の町ソドムとゴモラを滅ぼすために神から遣わされていた3人の天使と出会い、足を洗うための水、休むための木陰、さらに食事を振るまっているのである。

また、預言者エゼキエルは4つの車輪をもつ天使メルカバを目にしたし、マタイなどの一連の「福音書」の作者たちは、みな天使に誘われてペンを執っている。

さらにイスラム教でも、開祖ムハンマドは就寝中に、天使ジブリールに無理やり起こされて、何度となく『コーラン』を読まされているのである。

もしかすると読者は、こうしたエピソードはあくまでも古代の話で、いわば神話に近いのではないか、と思われるかもしれない。

しかし――それは違う。

天使との遭遇は、『聖書』に書かれたような時代から、現在に至るまで連綿と続いているのだ。その意味ではこれらの古い記録は、天使との遭遇の始まり、最初期の記録といっていい。

実際、1224年には聖フランチェスコが天使セラフィムを目撃し、人類史上最初の聖《せい》痕《こん》（キリストが磔刑《たっけい》で受けたのと同じ傷痕）が手足と脇腹に発生しているし、女修道院長のヒルデガルトは、天使から受け取ったさまざまなヴィジョンを、多くの書物のなかに書き残してもいる。また、有名無名の人まで含めれば、天使と出会ったと報告する人は、今も世界中で跡を絶たないのだ。

これはなにも、宗教者に限ったことではない。一般の人々も天使と遭遇する。

アメリカ合衆国建国の父といわれるジョージ・ワシントンは、天使からアメリカの3つの未来を見せられた。幻想的な天使画をいくつも描いた画家のシャガールは、彼自身が実際に目撃した天使をモデルにしていたらしい。さらに、第1次世界大戦中の戦場に出現し、全滅寸前の兵士たちを救出した天使もいる。

なかには、偶然の遭遇では満足できず、修行や魔術によって天使を意図的に召喚しようとした者たちも——。

天使との遭遇事件の数々を見ていこう。

エチオピア、デブレ・ベラハン・セラシエ教会の天井一面に描かれた天使画。まるで天使とはあらゆる場所に存在しているかのようである。

File 047

# アブラハム

## 神に祝福された全人類の祖

アブラハムは、全イスラエル人の祖であり、ノアの洪水後に神に選ばれ、祝福された最初の預言者だとされる。

実はアブラハムには、長く子供がなかった。だが、100歳のとき、90歳の妻サラとの間に、ようやく待望のイサクが生まれる。

だが神はアブラハムに、愛する息子のイサクを、生け贄《いにえ》として自分に捧げろと迫るのだ。

悩み、迷い、苦しんだアブラハムは、結局イサクを山上へ連れていき、その喉元に刃を当てて、神への生け贄を実行しようとした。

だが——まさにその瞬間、神の声が響く。

「お前が神を恐れる者であることがわかった。お前の子孫を天の星のように、海辺の砂のように増やそう。地上の諸国民はすべて、あなたの子孫によって祝福を得る」

レンブラントの代表作『イサクの犠牲』(口絵)には、まさにその瞬間の姿が描かれている。ただし、神の御言葉はそれになりかわる、天使の制止として——。

子供の誕生を予言する天使（ドレ画）。

File 048

# ヤコブ

## 天使と五分に闘った唯一の人間

『旧約聖書』の「創世記」に登場するヤコブは、天使と格闘した唯一の人間として知られている。

兄を出し抜いて長子の祝福を得たために、命を狙われることになったヤコブ。安全のために逃亡した彼は、伯父のもとで財産を築く。

ヤコブの夢。天への階梯に天使がいた。

そして兄と和解をするために土産をもって家に帰る途中のこと。ヨルダン川支流のヤボク川で、ひとりの男がしつこく論争をしかけてきた。論争はいつしか格闘となるが、なかなか勝負がつかない。そのうち、男はヤコブに勝てないと考えたのか、ヤコブの太股《ふともも》に触れて関節を外してしまうのだ。

立ち去ろうとする男にヤコブは、自分を祝福してくれるように頼む。戦いの途中で、相手が天使であることを悟っていたからだ。

するとその男＝天使は、「あなたはヤコブではなく、イスラエルと名乗りなさい。あなたは神と力を競って勝ったからです」と告げて、祝福を与えたといわれている。

File 049

# エゼキエル

## 上級天使トロネスの目撃者

『聖書』における四大預言者というと、イザヤ、エレミヤ、ダニエル、そしてエゼキエルである。最後のエゼキエルは、紀元前579年の捕囚で、バビロンに捕らえられたユダヤ人である。

そして、バビロンのケバル川河畔で、劇的な天使との遭遇を果たす。彼はその体験を、「そのとき天が開かれ、私は神の顕現に接した」と表現している。

エゼキエルが見た神と、その乗り物である上級天使トロネス。

彼が見たのは、両手を広げ、筋骨隆々とした神の姿と、その下にいる不思議な生き物だった。それは翼をもち、人間、ライオン、牡牛、鷲《わし》の姿をした4体の「黙示《もくし》の獣」が配置されている。どうやらそれは、神を乗せる車のようだった。

そう、これこそがあの有名な上級天使トロネスだったのである。

ちなみにエゼキエルは、それから以後、20年以上にわたって預言を続けたという。そして、エルサレム陥落の預言が的中して以来、多くの人々の信頼を集めるようになった。

File 050

神の言葉を大天使から伝えられた男

# ムハンマド

イスラム教の教典「コーラン（クルアーン）」は、預言者ムハンマドと天使の遭遇によってもたらされたものである。

聖地メッカのカーバ神殿。ムハンマドの誕生地だ。

もともとはメッカの商人だったムハンマドは、40歳前後の西暦610年頃、思うところがあって郊外にあるヒラー山の洞窟で瞑想を行っていた。するとある日、瞑想中に大天使ジブリール（キリスト教ではガブリエル）が現れ、神からの啓示を与えたのである。

ムハンマドは最初のうちは、ジン（砂漠の魔神）のいたずらではないかと考えた。

だがやがて、これこそまさに神による啓示だと信じられたとき、その啓示を人々に伝える使徒としての人生を決意する。

その後、ジブリールは何度も彼の前に出現した。というのも、実はムハンマドは文字の読み書きができなかったのだ。だから彼は、大天使の言葉を一言一句違わず暗記した。イスラム教でコーランが厳格に守られる理由のひとつは、こんなところにもある。

File 051

# 聖母マリア

## 天使からキリスト懐妊を告げられた聖母

聖母マリアと天使の出会いといえば、受胎告知のシーンが有名だ。『新約聖書』に書かれているエピソードで、処女マリアの前に天使ガブリエルが出現し、マリアがイエスを身ごもることを告げた、というものだ。

聖母マリアに受胎告知するガブリエル。

これは、「マタイによる福音書」と「ルカによる福音書」に書かれているのだが、それぞれ微妙に詳細が異なっているのが興味深い。というのも「マタイ～」ではマリアに対する天使からの告知はなく、ただ聖霊による受胎を知っていた、とだけ書かれている。これに対して「ルカ～」では、はっきりと天使ガブリエルがマリアの前に出現し、受胎を告知したとされているのだ。

実は、こうした違いは、「処女懐胎《かいたい》」という一般的には「あり得ない」出来事をどう処理するかという問題にほかならなかった。なぜならそれは、イエスが原罪を背負わないという点において、絶対に外せないポイントだったからである。

File 052

# マタイ

天使の言葉を口述筆記した使徒

「マタイによる福音書」を記した者として知られるマタイ。後世に描かれる彼の肖像画は、ほとんどが天使とセットになっている。そして極端な場合、マタイ自身が天使と同一視されることもある。

天使とマタイ（レンブラント画）。

それは、「マタイによる福音書」が、天使によって「書かされたもの」だとされているからである。つまり、天使が現れて口述した内容を、マタイが筆記したのだ、と。

そもそもマタイは、ローマ政府のために税金を徴収する職についていた人物だった。当時、こうした税取人は不正を働くのが常で、卑《いや》しむべき職業とされていたのだ。

だが、イエスはそんな彼を積極的に弟子に加えた。それにはこんな理由があったのだといわれている。

「医者を必要とするのは、丈夫な者ではなく病人です。私は義《ただ》しい人を招くためではなく、罪人を招いて悔い改めさせるために来たのです」（「ルカによる福音書」）

File 053

# 聖フランチェスコ

## 6枚の翼をもつ炎の天使と出会った聖人

13世紀、イタリアで織物業を営む裕福な家に生まれた聖フランチェスコ。彼は神への信仰を貫くために、アッシジに修道院を設立。清貧をむねにすべての財産を処分し、深い信仰生活に入っていった。

そんな彼の前にある日、天使のなかでももっとも高い位とされる、熾《し》天使セラフィムが現れた。

それは1224年のこと。ラヴェルナ山で神に祈りを捧げていると、頭上に光るものが現れた。目を上げると、燃えるような赤い光を放つ、6枚の翼が見える。

そのうち2枚の翼は頭の上に置かれ、2枚の翼は飛ぶように広げられ、2枚の翼は体全体を覆っていたという。そして中央には、手と足が十字架に釘づけにされたセラフィムそのものがあったのである。

聖フランチェスコは、恐怖と畏敬の念を同

聖フランチェスコの前に、6枚の翼をもった熾天使セラフィムが現れる。

時に感じ、すくみあがった。とその瞬間、手のひらや脇腹に激しい痛みと熱を感じはじめた。あわてて確認すると、そこからじわじわと血が流れだし、苦しみが全身に広がっていくではないか。ところが不思議なことにその苦しみは、いつの間にか神聖な、なんともいえない悦びへと変わっていったのだ。

聖フランチェスコ。手のひらと甲に聖痕が描かれている（13世紀、ベルリンギエーリ画）。

それもそのはず、手のひらと脇腹といえば、イエス・キリストが磔刑《たっけい》にされた際、傷つけられ、血を流したところだ。キリスト教カトリックでは、このようにキリストと同じところに自然に傷が生じる現象を「聖痕《せいこん》」と呼び、聖人にしか現れない奇跡だとしているが、その最初のケースが、実はこの聖フランチェスコの聖痕現象だったのである。

そのせいかフランチェスコは、この聖痕が発生したことを誰にも語らなかった。というより、ひたすら隠しつづけていたという。

彼の死後、その遺体を調べたところ、手のひらと脇腹に確かに傷痕が認められた。しかもそれは肉が変質し、まるで肉体に深々と打ちこまれた釘のような形になっていたと伝えられている。

File 054

炎のような言葉を伝えられた修道女

# ビンゲンのヒルデガルト

ビンゲンのヒルデガルトは、12世紀のドイツで活躍したベネディクト会系女子修道院長で、神秘家、作曲家としても多彩な才能を発揮した女性として知られている。

その彼女が1141年、神の啓示を受けたと主張し、『道を知れ』という書物の執筆を開始。自らの幻視体験を文と絵画によって公表したのである。この体験は、彼女の言葉によれば「生ける光の影」との遭遇であり、まさに天使との会見にほかならなかった。

ヒルデガルトの著書『道を知れ』のなかに描かれた、天使との遭遇の挿し絵。

しかも彼女は、実は5歳の頃から同じような体験をしていたといい、幻視体験が興奮や瞑想によってもたらされるものではなく、正常な覚醒状態で生じたものだと断言している。

彼女によれば、その「光の影」のなかにはさまざまな様相が浮かびあがり、炎のように言葉が彼女に伝わった。と同時に、彼女の心には、たちまち安心がもたらされたのだという。

File 055

# 聖女クラーラ

## イエスの十字架を心臓に埋めこまれた聖女

13世紀末のイタリア、モンテファルコにクラーラという少女がいた。彼女の家は裕福だったが、とても神への信仰が篤《あつ》く、6歳の頃から毎日のように礼拝堂にこもっては祈りを捧げていたという。

クラーラの心臓に、イエスが十字架を突き刺す。

するといつしかクラーラの前に、天使たちが現れてメッセージを伝えるようになった。心配した両親が礼拝堂への出入りを禁じると、今度は彼女の部屋に天使が出現する。

そんな彼女だから、長じると自然に神への信仰生活に入っていった。もはや誰にも遠慮なく、クラーラの前には天使が現れ、音楽まで聴かせていくようになった。この音楽は、ほかの修道女にも聴かれていたという。

そして死後、彼女の遺体を調べた医師たちは仰天した。なんと彼女の心臓は子供の頭ほどもあり、イバラの冠や十字架、イエスの姿がレリーフのように浮かび上がっていたのである。それはまさに、イエスが埋めこんだ、心臓の十字架だったのだ。

File 056

天使の導きでフランスを救った少女
# ジャンヌ・ダルク

1410年、フランスのシャンパーニュ地方ドンレミ村で、ジャンヌ・ダルクは生まれた。幼い頃から内気で、遊びにはあまり興味を示さず、それよりも神に祈るのを好む少女だったという。

彼女はやがて、天使と会話を交わすようになるが、16歳になったある日、家の庭で大天使ミカエル、ガブリエル、聖女カトリーヌ、マルグリットの光り輝く姿を目撃。以後、彼女はこれらの「声」に導かれ、自分でも思いがけない行動に出る。

このときの体験についてジャンヌは、後の魔女裁判の法廷でこう証言している。

「私は、あの方たちのお姿をはっきり見ました。私のそばから離れていかれたとき、私は泣きました」

その声は彼女に、フランス王子に手を貸して、イギリス兵を駆逐《くちく》するように命じた。ジャンヌは周囲の制止を押し切り、ヴォークルールでジャン・ド・メスと会見。その姿に心を動かされたジャンは、王子に会わせる約束をして彼女をシノン城へ連れていくのである。

こうしてジャンヌは、後のフランス国王シャルル7世の前にひざまずいた。もちろん、王子も側近も半信半疑だった。入念な吟味が行われたが、彼女の言葉も態度も一貫していた。しかも、彼女は「フィエルボアにある聖カトリーヌ教会に剣がある」と指摘。調べたところ、本当に剣が出てきたことから、天使のお告げに偽りはない、とされたのだ。

こうしてジャンヌは、兵馬とともに聖カトリーヌ教会の剣も与えられ、イギリス軍との激戦の場となっていたオルレアンの城へと向かったのである。

そこでの彼女の戦いぶりは、まさしく圧巻だった。どんな猛将・名将もかなわない勇猛ぶりで、たちまちイギリス軍を駆逐してしまったのだ。

こうして彼女は、シャルル王子を即位させ、シャルル7世とする。さらにその勢いのまま、トロア、シャロン、オセールなど、フランスの国土の大部分をイギリスや周辺諸国から取り戻すのである。

天使に導かれて戦ったジャンヌ・ダルク。

「私の使命はもう終わりました」――そういって暇乞《いとまご》いをしたジャンヌだったが、あれほどの戦いぶりを見せつけられては、そう簡単に手放されるわけもない。

その後、彼女は戦いで捕らえられ、イギリス軍へ売られる。そしてそれが、不幸な魔女裁判（第9章）へとつながっていったのだ。

File 057

# 聖テレジア

## 天使の槍で心臓を貫かれた聖女

ベルニーニ作の、「聖テレジア（テレサ）の法悦」という彫像がある。ひとりの修道女の心臓に、天使が槍を突き刺さんとしている傑作だ。だが修道女は、苦痛どころか完全にエクスタシー（法悦）の表情を浮かべている。

この彫像のモデルが、16世紀にスペインで生まれたアビラの聖テレジアである。

彼女は、修道院では病気で苦しみながらも、さまざまな宗教的恍惚《こうこつ》感を繰り返し感じたといわれている。そして闘病によって「神との合一」へと引き上げられたと告白した。

また聖テレジアは、天使が彼女の心臓を繰り返し激しく槍で突き刺すヴィジョンを体験している。それは、記憶にないような霊的な痛みだったという。

「主よ、私を苦しめるか、殺すかしてください」――彼女のこの言葉は、天使との遭遇が決して快楽だけではないことを教えてくれているのかもしれない。

聖テレジアの法悦（ベルニーニ作）。

File 058

# テレーザ・ノイマン

## キリストの痛みと流血を共有した女性

テレーザ・ノイマンは、1898年にドイツのバイエルン州ババリアで生まれた。修道女になることを目指していたが、事故で全盲になり、体には麻痺が残ってしまう。

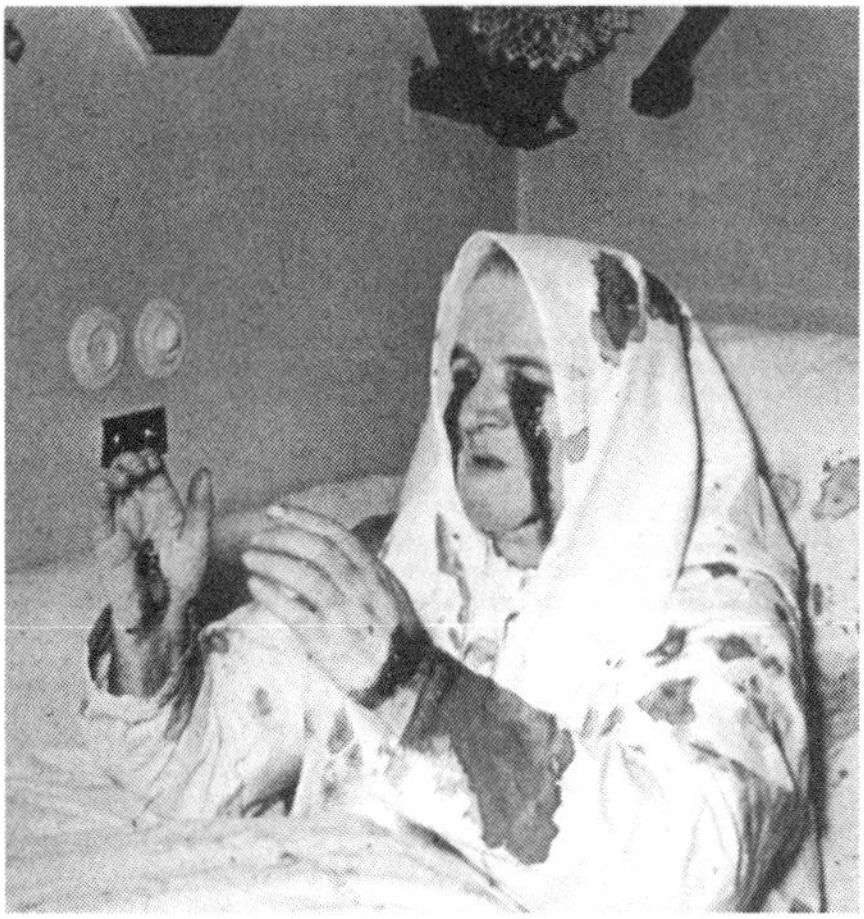

目と手から出血するテレーザ・ノイマン。

やがて——病魔と闘う彼女の前に、磔刑《たっけい》姿のイエス・キリストが現れるようになる。それも毎週金曜日に必ず。それは彼女が亡くなるまで、絶えることなく続いたのである。

こうしているうちに、彼女はいつしか食欲を失い、死ぬまでの36年間、いっさいの食物も飲み物も口にしなかったという。そしてついに、彼女の体に聖痕が出現し、しばしば血まみれになる、という現象が発生したのだ。それも、キリストが出現する金曜日に。

また彼女は、キリスト以外に、聖母マリアの生涯、12使徒、さらには守護天使の姿も見たといわれている。

そして1962年、そのままベッドの上で息を引き取ったのである。

File 059

天使と接触する霊的修行の考案者

# イグナチオ・デ・ロヨラ

天使と遭遇すること——それはひとつの運である。もしも偶然でないとすれば、神や天使に「選ばれ」なければならない。

確かに、天使との遭遇は、そのほとんどが偶然もしくは天使からの選択であり、人間の側に天使を呼ぶ術はなかった。

だが、やがてキリスト教のカトリック教会のなかで霊的な修行体系が生まれてくると、必然的に天使召喚術とでもいうべきものが考案されるようになる。その舞台となったのが、キリスト教の秘密結社的存在「イエズス会」だった。

イエズス会というと、1549年に日本へ最初のキリスト教布教を果たしたザビエルの所属団体としても知られている。だが、会の設立者であるイグナチオ・デ・ロヨラは、1491年にスペインのバスク地方に生まれた元軍人で、もともと神や宗教には関心のない人物だったといわれている。

しかしロヨラは、フランスとの戦いで片足を切断。死線をさまようなかで読んだ『キリストの生涯』『黄金伝説』という本に感動し、神について思いを馳せるようになった。

そしてそのとき、彼の前に幼子を抱いた聖母マリアが出現したのだ。

この体験で人生が180度変わったロヨラは、病気が回復すると迷わずキリスト教の霊的修行に励みはじめる。そして再び、次のような神秘体験をするのだ。

「そこに座っていると魂の目が開けはじめた。

そのとき、奇跡を見たのではなく、多くのことを理解し、悟った。多くの霊的な事柄、信仰と学問に関する多くのことを悟ったのである。……あたかも別の人間になったかのように思われ、これまでとは別の知性を得たように思われるほど、魂は照らされたのである」

実はこの体験は、ロヨラにとってはまさに天使との遭遇そのものでもあった。なぜなら、彼自身が語っているように「奇跡を見たのではなく」、直感的に真理を「悟った」からだ。もしも天使が肉体をもたない精神的な存在だとしたら、このような精神との直接交流のほうがはるかに自然だ、と考えたのである。

イエズス会創設者イグナチオ・デ・ロヨラ。

こうしてロヨラは、天使と接触するための霊的修行の体系「霊操《れいそう》」を生みだす。

「霊操」は4週間の瞑想のプログラムであり、それぞれの週にテーマと課題が細かく設定されていた。もちろん基本はイエス・キリストであり、イエスの宣教、受難、復活を観相し、追体験することで、神や天使との接触を目指したのだ。

そして、「霊操」の最終目的は、なんといってもロヨラ自身の神秘体験を獲得することにあった。言葉を換えれば、神秘体験に至る道を辿り、そのための準備をするプログラムである。それこそがカトリック教会による、天使召喚のプログラムだったのである。

File 060

# モンスの天使事件

## 戦場に突如として現れた天使たち

第1次世界大戦中の1914年8月26日から翌27日にかけてのこと。戦場に天使が現れるという前代未聞の事件が起こった。これは「モンスの天使」として世界中で話題になり、後にワルツの曲名にまでされるほど有名な事件となっている。

いったい何が起こったのだろうか。

その日、ベルギーのモンスで、イギリスとフランスの連合軍が、ドイツ軍と激しい戦闘を行っていた。だが、装備も兵力も、圧倒的にドイツ軍が有利。いつしか連合軍はドイツ軍に完全に包囲され、壊滅させられるのはもはや時間の問題となっていた。

ところが、そんな絶体絶命の状況であるにもかかわらず、連合軍はどういうわけかその場を脱出し、安全なところまで撤退することができたのである。しかも兵士たちが口々に語った出来事は、不思議にさらに輪をかける

ドイツ軍の前に立ちはだかる「モンスの天使」たち。いったい何のために出現したのかは、わかっていない。

ような「奇跡」そのものだったのだ。

ある者は、ドイツ兵の前に突然、亡霊のような弓手の一群が現れ、敵を威嚇《いかく》したと証言した。またある者は、白馬にまたがって金色の髪をした、見たこともないような士官が現れ、彼らの志気を鼓舞してくれたのだと語っている。そしてはっきりと、天使たちが天から降りてきて、敵を攪乱《かくらん》してくれたという者もいた。

これが、作り話や幻覚でないことは、敵であるドイツ兵のなかにも、そうした天使たちを目撃した者がいたことから明らかだ。

イギリス人は、それを自分たちの守護聖人であるセント・ジョージだと主張したし、フランス人は故国の英雄であるジャンヌ・ダルクの天使だといった。

いずれにしても、戦場で「奇跡」が起こったことは間違いない。そしてそこに、多くの天使の目撃証言が存在することも、だ。

「モンスの天使」を描いたイラスト。

File 061

# ジョージ・ワシントン

## 天使にアメリカの未来を見せられた男

アメリカ建国の父、ジョージ・ワシントン。

アメリカ合衆国建国の父、初代大統領ジョージ・ワシントン。彼もまた天使と出会い、啓示を受けていたということは、あまり知られていないのではないだろうか。

当時、ワシントンの側近だったアンソニー・シュルマンという人物はいう。

「ワシントンは天使によって、アメリカの未来を告げられていたのだ」

独立の直前、黙々と仕事をしていたワシントンの頭上に、突然、光り輝く天使が出現した。そして指先からまばゆい光を放射すると、そこにアメリカの未来に関するヴィジョンが現れたというのだ。それはアメリカの独立戦争、国内の南北戦争と、そしてもうひとつ、徹底的にアメリカが破壊されるという3つの預言だった。

いうまでもなく、ふたつはすでに成就している。だが、最後に天使はこういったのだ。

「調和、一致の精神さえ守れば、アメリカは永遠に存続するだろう」――と。

File 062

天使のアドバイスで執筆を行った学者

# スウェーデンボルグ

スウェーデン史上、最大・最高の学者と称されるスウェーデンボルグ。彼はキリスト教神秘主義最大の思想家でもあり、1688年から1772年までの84年の生涯の前半を科学者、後半を神学者として過ごしている。

この転向には、50歳を越えた頃から彼が、しばしば幻視体験をするようになったことが大きな原因となっている。そして1745年4月、ついにロンドンでキリストが彼の前に姿を現すのだ。

キリストはスウェーデンボルグに、「人々に聖書の霊的内容を啓示するためにあなたを選びました」と語り、彼はそこから膨大な量の霊界探訪記、神秘主義関係の書籍の著作へと突き進んでいくようになる。

著作の執筆に際しても、しばしば霊界を訪れ、天使からアドバイスを受けていたという。あるときには、天使になったニュートンと会い、専門的な議論を大いに戦わせたともいわれている。まさに、霊界と現界を行き来する自由人そのものだったのだ。

霊界探訪をしたスウェーデンボルグ。

File 063

# C・G・ユング

天使が生まれる源泉を考察した精神医学者

天使の存在と役割について、心理学の立場から学術的な分析を行ったのが、スイス出身の精神医学者カール・グスタフ・ユングだ。

ユングは、天使は人間の集合的無意識から生まれてくるものとした。人間の意識の下層には、普段は意識できない領域「無意識」が存在する。ユングによれば、この無意識のなかには、人類が進化の過程で経験し、蓄積してきた普遍的なイメージや力が内在し、個人を揺り動かしている。天使もまた、その力のひとつだというのだ。

ただし、だからといって天使を、心のイメージだと切りすてているわけではない。ユングは集合的無意識の力は、ときには物質世界よりも強力で現実的なものとしているからだ。

ユングにとって集合的無意識とは、現実のものであり、霊的かつ根源的な道を示す聖域でもあった。だから彼は、しばしば瞑想状態で無意識の世界に飛びこみ、天使からアドバイスさえ受け取っていたのである。

分析心理学の父、C・G・ユング。

File 064

目撃した天使を描いた天才画家

# シャガール

1887年にベラルーシで生まれ、フランスで活躍した画家、シャガール。幻想的な作風で知られる彼は、しばしば絵のモチーフとして、天使を描いている。

たとえば、1931年の「神と地上の契約のしるしの虹」では、モーセの夢に天使が現れ、神との契約が成立したことを知らせているし、「人類の創造」では、作られたばかりのアダムが天使にやさしく抱かれている。

そこで、実はこうした天使の姿は、シャガールが実際に目撃していた可能性が高い、といったらどうだろう。

いや、冗談ではない。彼は、ベッドに横たわっているときに、天井から天使が降りてくるのを見た、と語っているのである。

もしもこの話が本当だとすれば、彼が描く天使たちは、そのものずばり、本物の姿かたち、ということになる。

と同時に、その幻想的な絵画の世界も、天使たちが棲む霊界や天上界そのものを忠実に描き写したもの……そう考えたくなってしまうのである。

天使を目撃したシャガール。

File 065

天使語による会話実験に熱中した数学者

# 天使の言葉「エノク語」

天使はどんな言葉を使っているのだろうか。もしも天使と会話を交わすチャンスがきたら、そこではいったい、どんな言葉が用いられるのだろうか。

もちろん、テレパシーのように、直接、人間の心に語りかけてくる可能性は十分にある。しかし、それならば天使どうしはふだん、どんな言葉で会話を交わしているのか。

実は、天使の言葉だという謎の言語で、天使と交信したとされる人物がいる。イギリスの思想家・数学者のジョン・ディー博士だ。

1582年、霊媒エドワード・ケリーと知り合った博士は、彼をパートナーに天使との交信実験に没頭した。ケリーが博士に、自分は水晶球をのぞき、天使を見ることができると主張したからである。

このとき、天使との意志の疎通には、「エノキアン・タブレット」と呼ばれる5枚の文字盤が使われた。これは升目《ますめ》のなかに奇妙な文字が配置されたもので、この文字をケリー

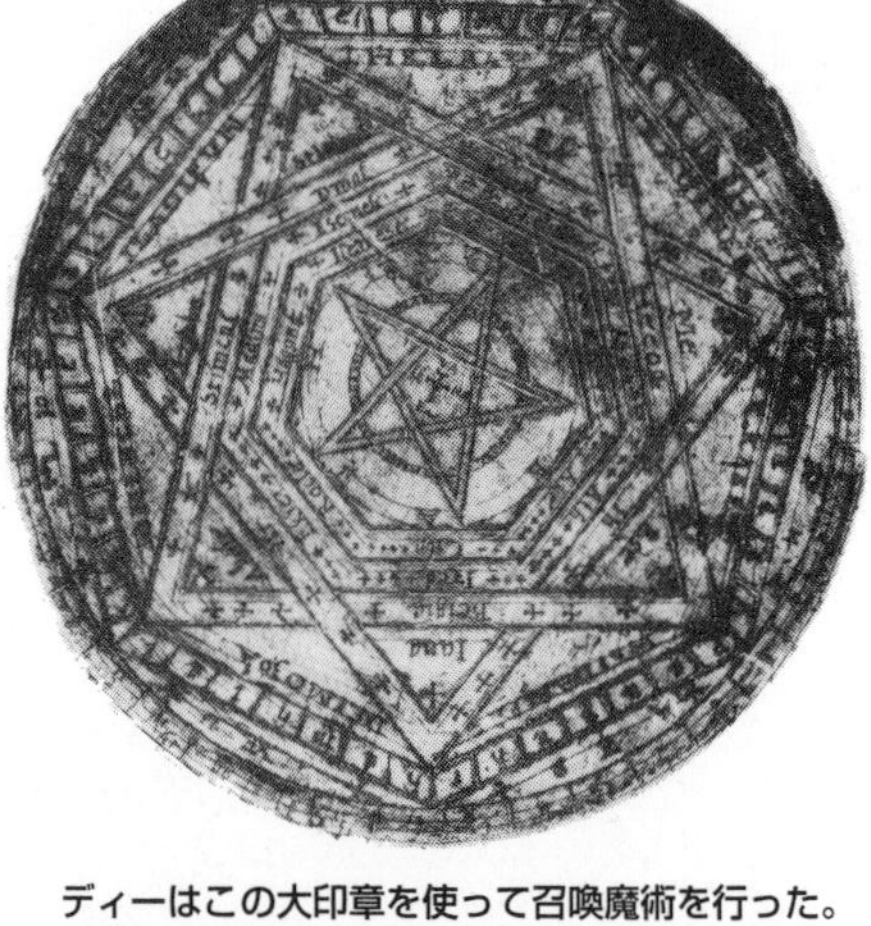

ディーはこの大印章を使って召喚魔術を行った。
神の名などがラテン語とエノク語で記されている。

天使との交信実験に夢中だった数学者ジョン・ディー。

は「エノク語」であると説明したのだ。

エノクというのは、『旧約聖書』の「創世記」に登場する人物で、天上界に召されてから天国の書記に任命されたといわれる。そのとき、天使との会話で使われたとされるのが、エノク語なのだ。

そして実験のとき、水晶のなかに現れた天使は、実際に「エノキアン・タブレット」の文字を杖で指し、具体的なメッセージを綴っていったという。

ここからもわかるように、タブレットに書かれた文字は、決してでたらめな記号の羅列ではない。きちんとした文法をもちながら、それでいて世界的にもまったく未知のれっきとした言葉なのである。

したがって、これが天使の言葉ではない、と主張するだけの根拠は、現在のところどこにもない（もちろん、積極的に本物だと主張する証拠もないのではあるが）。

ちなみに、エノク語で綴られた呪文や祈りの言葉は、きわめて強大な魔術的威力を秘めているという。

もちろん、天使の言葉であるなら、そうであっても何の不思議もないのだが。

File 066

自らを聖化することで悪魔さえ使役する

# アブラメリンの天使召喚術

あらゆる魔道書のなかでもっとも真正なるもの、と称される魔術書がある。『術士アブラメリンの聖なる魔術書』と題する書物で、マグレガー・マザースという魔術師が、セーヌ河畔のラルスナル図書館の書庫で発見し、英訳したものだといわれている。

ちなみにマグレガーは、魔術結社「ゴールデン・ドーン」の創立者であり、天才魔術師と呼ばれた19世紀末の人物だ。

そしてこの書が異彩を放っているのは、魔術書でありながら、「聖守護天使の知遇と会話の達成」を目的のひとつに掲げていることにある。すなわち、魔術を使って天使を呼びだし、会話を交わそうというのである。

本の内容は、錬金術師にして魔術師でもある「ユダヤ人アブラハム」（1362年頃～1460年頃）が、エジプトで「アブラメリン」という魔術師と出会い、魔術を学ぶ顛末《てんまつ》が記されている。

その魔術もまた異色で、いわゆるおどろおどろしい儀式や呪文は出てこない。それどころか逆に、魔術師は身体を徹底的に清めなけ

天使の名前が記された魔術図形（大英博物館蔵）。

ればならない、ということが重視されているのだ。言葉を換えればそれは、自らを徹底的に聖化することであり、天使に近づくということでもある。

一般的な天使召喚。魔法陣が悪魔から術者を守っている。

　こうして守護天使と出会い、その知遇を得てしまえば、あらゆることが可能になる。そこまでの力があれば、悪魔を使役することも簡単にできるようになる、というのだ。

　まさに逆転の発想であり、ユニークといえばこれ以上ユニークなものもないのではないだろうか。

　ただし、儀式の道のりは長く、準備期間だけでも最低で6か月は必要になるとされる。もちろん、儀式そのものが成功する可能性は、さらに低いといわざるをえないだろう。

# 天使の護符

中世の魔術書『リベル・アルマデル』には、天使召喚で用いられる「印」が掲載されている。ここではそれをベースに星野太朗氏が監修した「7大天使の護符（タリズマン）」を紹介しておこう。

これらの護符は、願いに応じて願望を象徴するものに添付して使う。たとえば恋愛なら、相手の写真などがそれだ。

そして、その品を手に深呼吸し、天上界から純白の光が自分の頭に降りてくるところをイメージする。

次に、この光が自分の胸で球体になるようにイメージし、最終的には手にした品にその光を流しこむのだ。

これで願いがかなったら、護符は感謝をこめて燃やし、灰は清浄な川に流してしまおう。

**サドキエル**
富と成功をもたらす。記憶力の増進。博愛や慈悲をもたらす天使。

**サマエル**
性エネルギーの強化。障害を乗り越える。スポーツ競技向け。

**ラファエル**
知識の獲得と試験に効験がある。なくし物を見つけることも。

**ミカエル**
悪習を絶つ。心身を浄化する。自信をつけるのに効果的生命力を強めてくれる。

**ウリエル**
健康と安定をもたらす。経済的に不安定な方向けか。

**ガブリエル**
愛情や友情をもたらす。感受性を高め、霊感も強める。予知夢を見たいときにも効果的。

**タヴァエル**
不慮の自己を避ける効果。植物に関すること全般を支配する天使でもある。

# 第5章

† Chpter 5 The Heaven & the Hell

# 世界の「天国と地獄」

天使と悪魔のフィールドを探る

File 067

# 死後の世界はなぜ「必要」か？

人間の文化があるところには、必ず「死」の哲学がある。それは人間が、あらゆる生命のうちで唯一、「死」というのものを意識しながら生きているからだ。

ここでいう「意識」とはもちろん「恐怖」と表裏一体のものである。死んだらどうなるのか？　その恐怖心と現実を受け入れるために、死の国、死後の世界の定義が必要とされるのである。

そこで、死後の世界についてだが、そのスタイルにはいくつかのパターンが見られる。

ひとつは、死後の世界はこの世と近いスタイルで、生前と変わらない暮らしができる、というもの。あの世はこの世と隔てられているだけで、基本的に同じものであるとするもので、比較的原初的な死後観で登場する。

次の段階になると、あの世は山のなかや地平の彼方など、異質な空間に存在する、とする。そこで死者は死者として暮らすのだ。ただし、死者の国があまりこの世に近いと、死者が悪影響を及ぼすこともある。ここでいわゆる悪霊という考えが出てくるわけだ。それもあって、異界と現界はしっかり分かれていなければならないのである。

さらに、死者の魂を善悪ふたつに分ける、という方向に向かう。悪霊があるのなら、善霊もあるだろう、ということだ。

また、祖先の霊が悪霊にならないように祭祀する、という発想も生まれてきた。

ともあれ、こうして悪霊、善霊の概念が生

まれると、それぞれが住む場所も分けなければならなくなる。天国・地獄である。

ただし、どの文化でもふたつに分かれるわけではなく、死後が天国だけだったり、地獄だけだったり、あるいはそれぞれに振り分けられたりと、形態はさまざまだ。

また、死後の世界を見ていくと、それぞれの民族性のようなものも見えてくる。生きることを苦痛とする文化、逆に生きることこそ楽しみとする文化、善行・悪行に対する倫理観など、そこで改めて世界の広さと歴史の深さを考えさせられるのだ。

(上) ダンテが『神曲』で描いた三途の川。
(下) ヒルデガルトが見た神と天使のヴィジョン。

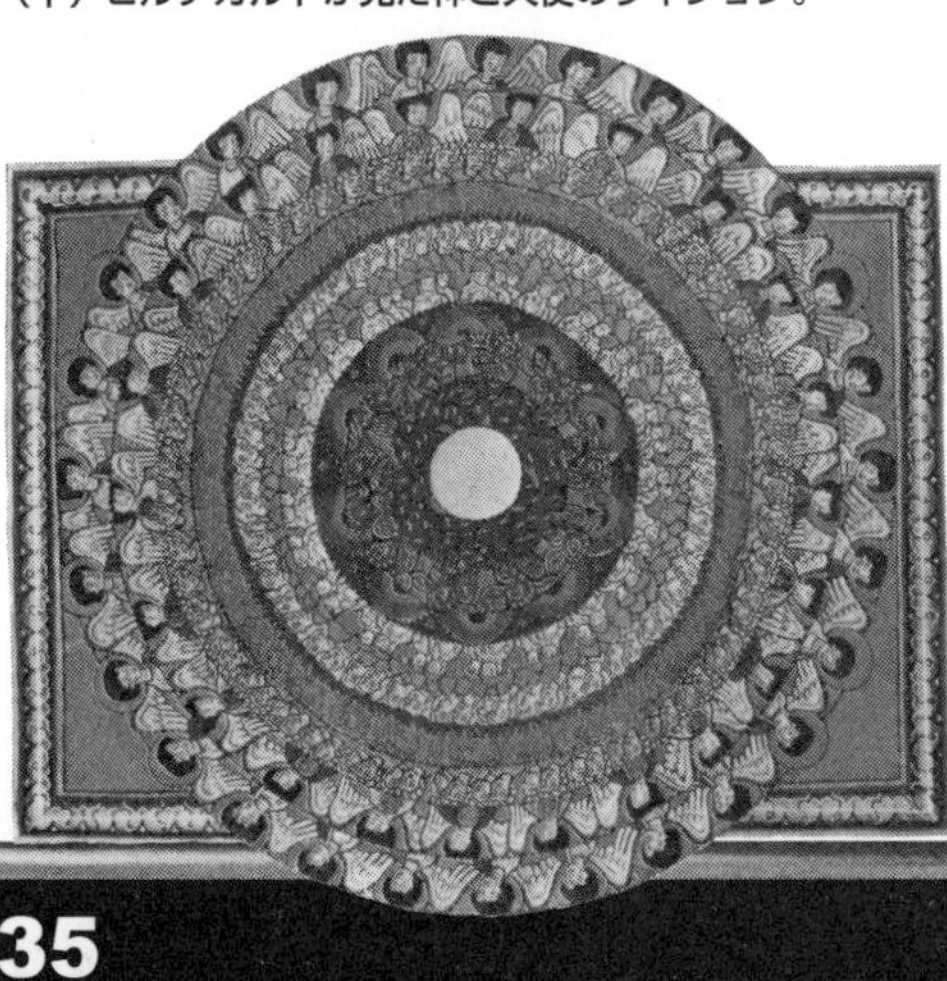

File 068

ギルガメシュが捜し求めた不死の楽園

# メソポタミアの死後の世界

人類の文明発祥の地は、メソポタミアである。正確な年代については諸説あるが、およそ紀元前3000~同3500年頃には、世界初の文明が築かれていたとされる。

この地域の世界観では、まず天上には神の世界がある。人間が住む地表の下にはアプスーと呼ばれる淡水の固まりの神が横たわっており、その下に「不帰の国」と呼ばれる冥界、すなわち死者の魂の国があるとされた。つまり、現界と冥界は、この巨大な「川」によって隔てられていたわけだ。いわゆる「三途の川」で、その原形はすでにこの時代から存在していたのである。

この不帰の国へ行くには、当然、この三途の川（フブル川という）を渡らなければならないわけだが、そのあともさらに死者の旅は続く。というのも、それぞれに恐ろしい門番が待機する7つの門をくぐりぬけ、さらに不帰の国では生前の記録に基づいた審判を受けなければならない。ここまできて、ようやく冥界に住むことを許されるのだ。

逆にいえば、それだけ厳重に現界と冥界は隔離されていたわけである。

そしてもうひとつ、メソポタミアといえば、エデンの園の存在が挙げられる。そう、アダムとイブのあのエデ

ギルガメシュ叙事詩の粘土板。

ンの楽園だ。『聖書』でおなじみのこの楽園の起原は、このメソポタミアにあったのだ。

メソポタミアの神話に、ディルムンという楽園が出てくる。これは不帰の国とは別の不死の者が住む国で、王ギルガメシュが不死を手に入れるために目指したとされる。この国が、後に『聖書』のなかでエデンの園になったといわれているのだ。

なお、ギルガメシュは苦難の旅の末にこの楽園へたどりついたが、不死の法を手に入れることはできなかった。ここには死者の国と不死の国、互いに相反するはずのふたつが合体した。ひとつの理想郷の姿を見ることができるだろう。

不死の国ディルムンを目指したギルガメシュ。

File 069

# エジプトの死後の世界

『死者の書』を手にナイル川を西へ渡る冥界の旅

メソポタミアの次に文明が起こったのはエジプトだった。しかもここでは、きわめて長期間にわたって高度な文明が栄えている。当然、死後の世界観も、時代によって違いを見せているのだ。

まず古王国の時代（紀元前3000～同2000年頃）には、太陽神ラーの天国があるとされた。そして中王国の時代（紀元前2130～同1570年頃）になると、冥界の神オシリスの天国が信じられるようになる。

両者はいずれも天国であり、死んだ魂が復活し、現世と同じように幸福に暮らすことができる楽園だとされた。

ただしそのためには、暮らすための肉体がなければばらない。実はエジプトのミイラは、そのためのものなのである。なお、ラーの天国は王と貴族たちだけのものだったが、オシリスの天国は誰でもがいくことのできるものとされた。

この天国へ行くには、必ず通らなければならない冥界ドゥアトがあった。とくにオシリスの天国は西にあるとされたので、死者のカ

冥界の神オシリス。

エジプトの『死者の書』。陪審の神々が並ぶ下で執り行われる死者の裁判の様子。

ー（生命力）とバー（魂）はラーの船に乗り込み、ナイル川を西へ渡るとされた。

　ドゥアトでは、死神や悪霊、怪物が死者の魂を狙う。また、門を通過するには正しい呪文も必要とされた。こうした冥界の旅路を安全かつ確実に行うために、そして来世に無事生まれ変わるために、いわゆるエジプトの『死者の書』が必要とされたのだ。

　さて、こうして死者がたどりつく理想郷は、清流と池に満ちた理想郷だとされたが、基本的には現世とまったく変わりなく、同じように農業を行い、牛を飼い、ふつうの生活を営む場所だった。

　実はここに、古代エジプト人の人生観のひとつが表れている。なぜなら彼らは、現世で生きていることが十分に幸福だったのだ。だから死後の世界でも、それと同じような暮らしができる場所を「天国」としたのである。

File 070

# ゾロアスター教の死後の世界

## 生前の善悪の量によって変わる死者の橋

ユダヤ教やキリスト教、イスラム教、さらには仏教など世界中のさまざまな宗教の死後観に大きな影響を与えたのが、ゾロアスター教だ。まず、死者の魂は3日間、この世をさまよいながら生前の行為の善悪を思う。そして4日めの朝に自分自身の「良心」が迎えにやってくると、南風に乗ってエルブルズ山に到着。ここでミスラ、スラオシャ、ラシュヌの3神によって、死後審判が行われるのだ。興味深いのはその判決で、まず生前の善と悪の価値がつりあった者は、ハミスタガーンという冥界に送られる。そしてそれ以外の者には、判決はまだ告げられない。これらの魂は天界へ向かうチンワトという橋を渡らされる。このとき、善が多い魂には橋が広がる。しかし、悪が多い魂だと、棒のようになってしまうのだ。その結果、善なる魂は天界に、悪の魂は橋から落ちて地獄行きとなる。

さて——興味深いのこはここからで、こうして3つの世界に分けられても、そこは決して永遠の世界ではない。あくまでも一時的な魂の居場所であって、最終的には最後の審判が待ち受けているからだ。

そもそも善と悪があるということは、世界がまだ未完成・不完全である、ということに

死者の審判が行われるチンワトの橋。

ほかならない。そこでゾロアスター教では、この世は善と悪が戦っている状態にある、と考えた。その戦いは1万2000年続き、最終的には善が勝利する。このとき出現するのが、救世主サオシュヤントである。

こうして善の世界が実現すると、すべての死者は肉体をもって復活。最後の審判の場へと向かうのだ。ここでも彼らは善悪によって天国と地獄へと振り分けられる。

だが、それはたいして意味をなさない。なぜならそれから4日後、世界は燃えさかる溶岩によって呑みつくされ、あらゆるものが浄化されてしまうのだから。

このような、最後の審判や死者の復活といったモチーフ、地獄、天国の裁判などは、ほかのあらゆる宗教で見ることができる。

エルブルス山はヨーロッパとアジアの境界にそびえる重要な場所だ（ロシア、アルヒープ・クインジ画）。

ゾロアスター教のミスラ神と起源が同じ古代ローマのミトラ神。やがては弥勒菩薩となり、東方世界へ伝播する。

File 071

# キリスト教の天国と地獄

審判を待つ擬似的な天国、地獄、煉獄の存在

キリスト教の死後観は、その多くの部分が古代ユダヤの死後観に由来している。ところが、もともとユダヤ人は、明確な死後の世界観をもっていなかったといわれているのだ。

そんな彼らが大きく変わらざるをえない出来事が起こった。バビロンによるユダ王国滅亡と捕囚《ほしゅう》である。こうして自分たちの国を失ったことで、用意された神の王国と、そこには選ばれた者だけが入ることができるという強烈な選民思想が生まれたのだ。当然、天国からもれた人々、選ばれなかった人々は、地獄へということになる。

だがその前に……実はキリスト教にはこうした〝審判〟が2度ある。1度めは死んだときで、その結果、ユダヤ教では「シェオール」、キリスト教では「ハデス」と呼ばれる〝待機場所〟が生まれた。

ただ、シュオールは本来、何もない世界であり、ひたすら最後の審判を待つ場所とされたのに対し、ハデスは擬似的な天国、地獄、煉獄、リンボと呼ばれる区域に振り分けられるとされた。

こうして最後の審判を迎えると、もういちど振り分けられ、最終的に天国と地獄に分けられるのである。だが——もしもそうであれば、2度の審判など必要ないのではないか、と思う読者もいることだろう。

しかし、ハデスにいるのは、魂のみであるとされる。それに対し、終末の日には肉体も復活し、そのうえで最後の審判を迎える。そ

うなると、最後の審判後は、天国も地獄も、ヒトは肉体をもってそこに入るということになるわけだ。

当然、天国の幸福は、魂だけのときよりも大きくなる。一方、地獄の苦しみも、肉体で感じる分、大きく、つらいのだ。

キリスト教における、天国と地獄のイメージ。そこでは絶対的な善と悪にすべてのものが分けられることになる。

File 072

# イスラム教の天国と地獄

## 最後の審判の日まで「夢」で天国の疑似体験をする

イスラム教の死後の世界観も、基本的にはキリスト教と近い。

ただ、それぞれの名称は異なり、ハデスは「バルザフ」、天国は「ジャンナ」、地獄は「ジャハンナム」と呼ばれる。

なかでも興味深いのはバルザフだ。ここはキリスト教のように、明確に天国、煉獄、地獄に分かれているわけではない。だから、死後の審判も行われない。といって、古代ユダヤ教のシュオールのように、何も起こらない世界でもない。

ここにいる魂は、復活の日まで決して目覚めることはないが、その一方で、最終的に自分が入る世界についての「予兆」を受け、それに応じて天国的・地獄的な経験をするのである。このとき、魂はいわば「夢」を見ているわけだが、それは生きているときよりもはるかにリアルだという。

そして最後の審判の前には肉体とともに復活し、裁きを受けるのだ。

裁きを行うのは、なんと神、アッラーである。人はアッラーの前で、生前の行動をすべ

イスラム教の極楽。

て見せつけられ、記録される。おもしろいのは反論も可能なことで、天使や本人はもちろん、本人の目、鼻、耳、口、手、足なども証人として証言が許されるという。

もうひとつ、この裁判だが、善行は、人生で行った善のうち、最高のものを基準に判断され、逆に悪行はその総量で判断される。つまり、善行がいくぶんか水増しされるわけで、こんなところにもアッラーは慈悲深い神だといわれる所以《ゆえん》が垣間見える。

地上の上に、はっきりと階層化された7層の天国。

File 073

# ヒンドゥー教の天国と地獄

## 生まれ変わりが前提となったインドの死後世界

インドでは現在、ヒンドゥー教がもっとも盛んになっているが、伝統的な死後観が根強くある。そのうち最古のものは、紀元前10世紀に編纂されたといわれる文書『リグ・ヴェーダ』に登場する、ヤマ神の死者の国だ。

ヤマは最初の人間（死ぬべき運命を背負った存在）で、そのゆえに死者の辿る道を見つけだし、そこで王となったという。

ヤマの国は天界の理想郷で、そこには誰でも入ることができた。だが、やがて悪人は地獄に堕ちるという思想が生まれると、ヤマは死後の審判を行う裁判官、という立場になっていく。そう、このヤマこそ、仏教における地獄の閻魔《えんま》大王なのである。

インドの宗教がほかと大きく異なるのは、輪廻転生《りんねてんしょう》の思想が明確に定義されている、という点にある。キリスト教もユダヤ教も、最後の審判のあと、死者の魂は二度と生まれてくることはない。だがインドでは、生まれ変わりがすべての前提として存在するのだ。

インド版「地獄の閻魔魔王」のヤマ神。

インドでは、死者は火葬される。すると魂は煙となって空へのぼる。そしてここから、現世で苦行を積んだ聖者と一般人の魂は分かれることになる。

ヴィシュヌ神のへそからヒンドゥーにおける大宇宙の支配神、ブラフマーが誕生。その威光は全宇宙をおおい、ありとあらゆる世界を照らす。

聖者はその後、太陽、月、稲妻を経て、最終的にブラフマンと呼ばれる絶対原理の世界へ至る。いわば「上がり」であって、ここへ至った魂はもう生まれ変わることもなく、輪廻転生を脱することができる。

一方、一般人の場合、煙は天で父祖のいる世界に入り、さらに虚空、月を経て霧、雲になり、雨となって地上に降り、そこから米、麦、木、胡麻、豆となる。そして、それを食べた父親の精子から母の体を経て、再び地上に生まれてくるのだ。これは基本的に、永遠に繰り返されることになる。

File 074

天国でさえ苦しみの通過点とする輪廻思想

# 仏教の天国と地獄

インドで生まれた仏教も、基本的にはインドの輪廻転生の思想をバックボーンとしてもっている。ただ、前述のようにインドでは人間は、聖者と一般人でそれぞれ別のルートをたどるものの、動物や虫とは別のルートで同じ輪廻の輪に入ることはない、とされている。これに対し、仏教では基本的にすべての生物が同じ輪廻の輪にいる。

この輪廻転生を繰り返す世界は6種類。天道、人道、阿修羅道、畜生道、餓鬼道、地獄道で、これを「六道《りくどう》」と呼ぶ。ユニークなのは、天（極）と地獄が同じ輪のなかにあることで、たとえ天道に生まれても、次には地獄道に生まれることもあるし、その逆も同様にあるとされることだ。

キリスト教などでは、最後の審判で天国へ入ればそれで「上がり」だが、仏教における「天道」は、あくまでも通過点なのである。

では、仏教における「上がり」はどこにあるのか？　それは、やはりこの輪廻転生のサークルから抜けだすことだ。

そもそも輪廻転生が起こるのは、無知と執着に理由があると仏教では説く。それゆえ輪廻転生の世界はどこも（天道であっても）迷いに満ちた苦しみであり、そこを脱さない限り、永遠に安らぎを得ることはできないのである。

逆にいうと、その無知と執着を断ち切ることさえできれば、この永遠の輪廻から脱することができる。これを仏教では「解脱《げだつ》する」

「涅槃《ねはん》に入る」という。

なお、この輪廻転生の間には、「四有《しゆう》」という4つの段階があるとされる。本有（生まれてから死ぬまで）、死有（死の瞬間）、中有（死んでから次に生まれるまで）、生有（生まれる瞬間）で、よくいう閻魔大王による地獄の裁判は、このうち中有の段階で行われるものだ。

チベット仏教における、輪廻転生の図。6つに分けられた部分が六道を表している。

File
075

# 道教の天国と地獄

## 生きたまま楽園に行くことを理想とする神仙の世界

仏教と並んで日本人の死後観に大きな影響を与えているのが、中国の道教だ。道教は中国古来の伝統宗教といえるもので、これを知ることで中国人の宗教観・死後観を知ることもできる。

ただし、道教には老子の道家思想、陰陽道、五行などの中国哲学から、さらに古いアニミズム、神仙思想などが取り込まれており、なんとも複雑なパッチワークを形成しているのに注意しなければならない。

道教の基本は山である。

まず、世界の中央に嵩《すう》山、東西南北にそれぞれ泰《たい》山、崋山、衡《こう》山、恒山が置かれる。これは五行思想によるものだが、それぞれの山は死者の霊が集まる場所とされた。また、後には仏教の影響を受け、山の地下にはそれぞれ地獄もあるということになる。

なかでも泰山は、これらのなかでも突出するようになり、中国における死者の霊の最大・最高の集結地とされるようになる。と同

東の泰山地獄を支配するとされた、東獄大帝こと泰山府君。

中国における死者の霊の最大集結地、泰山。

時に、泰山地獄の構成も、より複雑なものに変えられていった。そのトップに置かれたのが泰山の神、有名な泰山府君《ふくん》である。その下には高級官僚と下級官僚、さらには獄卒たちが従い、人間の寿命を管理していた。

　地獄の世界までしっかりと官僚システムを構築するところは、なんとも中国らしいといえるだろう。

　ところでそうなると、山は天国なのか――という疑問がわく。実はそうではない。中国の発想には、死んで楽園に行くのが幸福という考えはなく、生きていること、生を楽しむことこそ幸福なのである。

　だから彼らは、死後ではなく、生きているうちに楽園にいく――仙人になる――という道を選んだ。不老不死の仙人になって、この5つの山のさらに外にある三神山（蓬莱《ほうらい》山、方丈山、瀛洲《えいしゅう》山）や、崑崙《こんろん》山で暮らすことが、まさに天国のイメージなのだ。

File 076

# マヤ・アステカの死後の世界

## それだけでひとつの冒険譚となる冥界への旅

古代メキシコのマヤ文明では、死者の国は深い洞窟の奥にあるとされた。

　この冥界をシバルバというが、そこまでの道のりはとても厳しい。洞窟には果てしなく長い階段があり、そこを降りた地底世界には、いくつもの谷と川がある。これらを乗り越えたはるか先で、ようやくシバルバに至るのだ。

　しかもこの冥界ときたら、それほどの苦労をしてまで……と思うほど暗黒の地だ。

ミクトランの
女王ミクトランシワトル。まるで羅刹女だ。

　そこには冥界の王であるフン・カメーとウクブ・カメーを筆頭に、たくさんの悪魔が待ちかまえている。

　その配下には、血を流させて死なせる悪魔、足が腫れて膿《うみ》が流れる病気を起こさせる悪魔、やせ衰えさせて死なせる悪魔、事故死させる悪魔、血を吐かせて急死させる悪魔など、人間に災いをもたらす悪魔がずらりと揃っているのだ。しかもシバルバには、こうした悪魔たちのための集会所や球技場まで用意されていたという。

夜の暗闇を司るアステカの神「テスカトリポカ」。死者の魂の審判者の役割も果たす。

一方アステカ文明でも、死者の国は地中にあるとされていた。この冥界をミクトランという。この冥界への旅でも、崖崩れ、ヘビとワニの待ち伏せ、8つの砂漠と8つの山といった困難が続き、しかも最終的にはイズブズテクェとネシェテペファというふたりの悪魔と戦い、それに打ち勝たなければならなかったのだ。冥界ミクトランへ到達することそれ自体が、ひとつの英雄話にほかならないといえるほどの厳しさである。

またアステカでは、階層的な3つの天国の存在も知られていた。自然があふれるトラロカン、神であるケツァルコアトルの教えを実践した者が到達するトリリャン・トラパリャン、そして最高の精神性を獲得した者だけが到達できるトナチウヒカンである。

さらにアステカでは、これら天国とは別のところに、13層からなる天界もあった。

File 077

# 日本神道の死後の世界

## 死そのものを穢れとする神道の世界

古代の日本では、中国の道教のように、死者の魂は高いところへのぼると考えられていた。地上でそういう場所はどこかといえば、山だ。だから山は昔から日本では、霊場とされてきたのである。

さて、山が死者の霊が集まる場所だとすれば、そこよりもさらに高い天上界は、神々が住むところ（高天原《たかまがはら》）ということになる。そして地下は、死者の霊のなかでも汚れたもの、罪深い者が集まる国（黄泉《よみ》の国）だ。

実をいうと日本神話の原典である『古事記』や『日本書紀』には、山岳霊場の話は出てこない。そこでは、死者はただ黄泉の国へいくとされる。場所は島根県の出雲で、洞窟に入ると黄泉比良坂《よもつひらさか》という長い坂がある。その先には千引岩という巨大な岩が洞窟をふさいでおり、これが現世と黄泉の国を隔てる「壁」となっているのだ。

黄泉の国には、黄泉大神と呼ばれる王がいる。一説には根の国に下ったスサノオが、後

黄泉の国から戻ってきたイザナギの禊祓い（写真はいずれも山辺神宮蔵）。

にこの黄泉大王になったともいわれる。

黄泉の国のエピソードでもっとも有名なのは、イザナギとイザナミの物語だろう。

妻であるイザナミが死んだとき、この世に連れ戻そうと、イザナギが黄泉の国へ向かった。するとイザナミは、一緒に帰ってもいいが決して後ろを振り向かないでくれという。そして帰途、振り返ってしまったイザナギが見たのは、膿《うみ》がわき、蛆《うじ》がたかった醜い妻の姿だった。怒ったイザナミは、鬼の形相でイザナギを追いかけた。イザナギは、必死になって逃げる。先に触れた千引岩は、追ってくるイザナミの進路をふさぐために、このときに置かれたものなのだ。

すでにおわかりのように、日本神道における死の国は、暗く汚れた国である。それは、生前の罪によるものではない。神であるイザナミでさえ、蛆がたかった醜い姿になっていたのだから、われわれ一般人ならなおさらである。そしてそれは、死そのものを穢《けが》れとする独特の死生観となっていったのだ。

ヨモツシコメの追跡に続けて追いかけてきたイザナミに対して、岩を挟んで対峙するイザナギ。

File 078

# 千年王国

## キリストが支配する殉教者たちの楽園

千年王国とは何か？

それはキリスト教において、最後の審判の直前に現れるとされる、地上の天国のことだ。

キリスト教では最後の審判が行われれば、その後は永遠の天国と永遠の地獄だけという世界になるとされる。これはいわば、神が支配する永遠の楽園だ。だが、千年王国の支配者は神ではない。キリストなのである。

この時代、悪魔は封印され、地上には善しか存在しなくなる。そんな世界にキリスト教に殉じた者たちだけが復活し、この世の幸福を享受するのだ。

実はこの考えは、とっくに教会によって否定・禁止されている。しかし、それでも根強く人々の間では信じられてきた。その背景には、最後の審判後の天国が現世的には実感しにくい、という問題があったようだ。

確かに、「あの世」での幸福を約束されても、どこか遠い世界のような気がしてしまうのは否めない。キリストの教えに殉じた者が「報われる」には、もう少し現世的な要素がほしいと願ってもおかしくはないだろう。

つまり千年王国というのはキリスト教徒にとって、この世で物質的・現実的な幸福を味わう「報われるための」世界なのである。

だから2世紀の司祭イレネウスは、千年王国で復活した殉教者たちが、完全に理想的な環境に置かれ、ぶどう酒も穀物も豊富にあって美味な食事を楽しめ、女は多産で、しかもだれもが不老不死であるという、夢のような世界を主張している。

それはまさに、禁欲的な宗教者の生活態度とは対極の、願望そのものといってもいい。

と同時にこうした考えが生まれた背景には、磔刑《たっけい》となったキリストをはじめ、殉教という運命に終わった信者たちが、現世での幸福を味わえずに死んでしまうという理不尽さへの怒りや反発があったと考えられる。

イエスのもとに現れる千年王国。

# ダンテ『神曲』の世界

1265年、フィレンツェ（現イタリア）に生まれたダンテは、叙事詩『神曲』で、地獄、煉獄、そして天国へと至る旅を描いた。地方の方言を用いた100篇の詩で構成された大著で、それぞれの世界を生き生きと描きだしている。

それによると地獄は、エルサレムを頂点とする漏斗状の奈落にあり、地下に向かって垂直に9層の構造になっている。

具体的には嘆きの河アケロンテを渡り、第1の無信仰地獄をかわきりに、第2の邪淫地獄、第3の美食地獄、第4の貪婪《どんらん》乱費地獄、第5の憤怒地獄、第6の異端地獄、第7の暴虐地獄、第8の欺瞞地獄、第9の反逆地獄へと至り、地球の地軸の中心へと達するのだ。

そこでダンテは、さまざまな地獄の責め苦も目撃する。たとえば汚職者たちが、デーモンによって煮えたぎる瀝青《れきせい》にひたされる、というようにだ。やがてダンテは、南半球の抜け穴から今度は煉獄を巡り、その後は天国へ至る旅となる。こうしてそれぞれの場所で、『聖書』に登場する霊と出会うのだ。

ところで、ダンテは地獄界、煉獄界、天国界を、それぞれが9層構造であるとした。これはいうまでもなく、天使の9つの階級を表している。また、ダンテは天国にはふたつの天使集団がいると考えていた。神に創られた天使と、神に捧げられた天使である。そのうち神に創られた天使たちは、バラの花（聖母マリア）の周囲を飛びまわり、魂の至福を神のもとに運んでいるとされるのだ。

煉獄と天国を幻視したダンテ。

# 第6章

† Chpter 6 The Seven Cardinal Sins

# 7大悪魔

File 079

# 悪魔とは何か?

堕天使という存在は、どうやって生まれたのか

悪魔＝堕《だ》天使だとすれば、悪魔の正体は天界から追われて地上に堕《お》ちてきた元天使、ということになる。

悪魔と天使の戦いは、神々による天界の覇権争いだった。

もちろん彼らにしても、おとなしく「堕とされた」わけではない。『聖書』ではそのとき、壮絶な天界戦争があったと記している。

しかもこの堕天使のなかには、一部のもっとも高貴な天使たちも含まれていた。「もっとも高貴な」というのは、天使として位が高い、という意味だ。実際、堕天使の代表的存在であるルシファーはこう独白している。

「もし私が昔のままの私であり、本来あるべき私であり、彼（神）に比べてもほとんど遜《そん》色《しょく》のない私であるかぎり、どこにいようとかまうことはない。彼が私より偉大だというのは、雷霆《らいてい》をもっていたからにすぎぬ」

いったいこの自信はどこからきているのか。『旧約聖書』の「イザヤ書」では、「明けの明星」と呼ばれる天使が「地に投げ落とされた」と記す。この「明けの明星」とは、まさにル

シファーにほかならない。

そして、ルシファーの素性をたどっていくと、イスラエルの文明的先行地域、カナンの神のひとりだったことがわかるのだ。

詳しくは、ルシファーの項目を参照していただくとして、ここではっきりしているのは、彼ら堕天使＝悪魔の多くは、ユダヤ・キリスト教がその世界観を構築していく過程で、周辺諸国の神々を取りこみ、おとしめたものだということである。

⬆天使の堕落と天界からの追放を描いた15世紀の絵画。

そういう視点で眺めてみると、天界戦争の正体とは、ユダヤ・キリスト教内における単純な善と悪の戦いではなく、周辺諸国の神々による覇権争いにその原形があった、ということになる。

そう考えると、あのルシファーの独白もまた、違う意味にとらえられる。負けたのは王として、神としての資質ではなく、武力の差だったのだ、と。

File 080

# サタン

「敵対する者」が有力な悪魔の総称となる

サタンという名前は、まるで悪魔の総称のように使われることが多い。

だが、もともとの「サタン」という言葉そのものには、「悪魔」という意味など含まれていなかった。

たとえば、『旧約聖書』の「民数記」に出てくるサタンは、イスラエルの民を呪う魔術師バラムをこらしめるために神から遣わされた天使だったし、「ヨブ記」ではヨブの信仰心を試すために、やはり神によって「サタン」が遣わされているからだ。

ここでの「サタン」が意味していたのは、悪魔という邪悪な存在ではなく、あくまでも（相手に）「敵対する者・障害する者」という意味にすぎなかったのである。しかも、ここではサタンは神に命じられて悪役を「演じて」いるわけだから、その意味では、彼は「サタン」という「役柄」を演じる心優しき天使だったということもできる。

ところがその後、『新約聖書』に関連して数々の福音書が著されるようになると、サタンはたちまちその性格を変えられていってしまう。サタンは、罪を得て下った神の敵対者、キリストの誘惑者とされ、まさに悪魔の代名詞となっていったのだ。

だから、古代につくられたサタンに関する物語では、忌《い》むべき堕天使とされつつも、天使のなかでももっとも偉大で美しい者、天界の摂政《せっしょう》という高い位につけられていた者、という賛美も同時に行われている。それは、こうした経緯が多少なりとも反映された結果なのだろう。

ちなみに、『旧約聖書』がギリシア語に翻訳されたとき、「ディアボロス」という訳語があてられた。これが「ディアボロ」、さらには英語の「デビル」の語源となり、同時にディアボロは国を失ったユダヤ人の蔑称でもあったため、ユダヤ人＝悪魔に仕える者という偏見の根にもなっているわけだ。

⬆地獄の業火に焼かれながらすさまじい炎を吐くサタン。

こうしたことからすでに明らかなように、サタンそのものには固有名詞としての「人格」はない。

ルシファーにしてもサマエルにしても、彼らはルシファーという名のサタンであり、サマエルと呼ばれるサタンなのである。もちろん、「サタン」という名前をもった悪魔がいたわけではないのだ。

ただし現在では、このサタンという名が、悪魔の王であることを表すということには間違いはない。

特定の悪魔を指すものではないとはいえ、「サタン」と呼ばれる資格があるのは、あくまでも悪魔のなかで上位におかれた、いわば悪魔のなかの悪魔——しかも『新約聖書』において「悪意ある存在」とされた者たち——だけなのだ。

だから、ルシファーやベルゼブルなどの大物の悪魔は確実にサタンと呼べても、なかにはサタンとは呼ばれない悪魔もいる、ということになる。

ところで、これらのちにサタンと呼ばれるようになった悪魔たちにしても、最初から神に対する完全なる反逆心をもって天界を追われたわけではなかったようだ。

⬆天使と一緒に神に仕える本来の姿のサタン。

たとえば、偽典《ぎてん》とされる『アダムとエバの生涯』では、それについてこう書かれている。

「わが敵意、恨み、苦痛のすべては、汝《なんじ》（アダム）に由来する。

神が汝に命を吹きこまれたとき、ミカエルが汝を連れてきて、神の前でわれわれに汝を崇《あが》めさせた。

私は答えた。

『いいえ、私には自分自身よりも劣ったものを崇める理由がありません。私はどんな被造物よりも先にいたのですから」

　父なる神は私に腹を立てられ、私とわが栄光を、配下の天使たちとともに天から通報せよと命じられた」

⬆イエスを誘惑する者として描かれるサタン。

　つまり、神が人間（アダム）を創造したとき、それを拝むのを拒否したことが、彼らがサタンになった理由だ、というのである。

　そこには、自分より後に生まれた被造物など拝せない、というサタンの高いプライドさえうかがえるのである。

　このように、サタンの誕生には、明確な理由があったし、個々の悪魔との区別もはっきりと行われていたのだ。

　だが、中世以降になって悪魔の数が増えていくにつれて、総称であるサタンも、悪魔のひとりという位置づけがされ、完全に定着していくのである。

　そして中世以降には、悪魔と魔神《デーモン》の区別もほとんどなされなくなり、逆に「サタン」という名前の悪魔の「個性」が、次第に創出されていったのだ。

File 081

天から地に投げだされた「暁の輝ける子」

# ルシファー

堕天使の筆頭にして、悪魔界でも最高の権威の持ち主が、このルシファーだ。

堕天使という言葉が語るとおり、堕《お》ちる前は「暁《あかつき》の輝ける子」が正式な名前だった。天使時代の位では、熾《し》天使よりもさらに上に置かれている。

ではなぜ、天使世界でそれほどエリート中のエリートだったルシファーが、堕天使となってしまったのだろうか。

「イザヤ書」は次のように語る。

「ああ、お前は天から落ちた。明けの明星、曙《あけぼの》の子よ。お前は地に投げ落とされた。もろもろの国を倒した者よ。かつて、お前は心に思った。『わたしは天に上がり、王座を神の星よりも高く据え、神々の集う北の果ての山に座し、雲の頂に登って、いと高き者のようになろう』と。しかし、お前は陰府《いんふ》に落とされた。墓穴の底に」

かつては自他ともに認める存在だった大天使ルシフェルは、神になりかわって玉座に就くことを望んだために、神の怒りを買って地上に突き落とされたというのである。

このとき、落ちたルシファーの衝撃で地上に巨大な穴があき、そこに地獄ができたと伝えられる。

実際、ルシファーと地獄は強力に結びついており、アダムとエバに禁断の知恵の実を口にするようにそそのかしたのも、このルシファーだったという。要するに、すべての悪の根源がルシファーなのである。

⬆堕天使ルシファー。その姿はまるで天使のように美しい。

だが一方で、宗教的な成り立ちという背景を見ていくと、ルシファーの評価は180度異なることもよくわかる。

ルシファーが、己の欲望のために天界を追われたという記述が、実際にはまったく根拠のないデマであったことがよくわかるのだ。

「イザヤ書」に描かれた天使ルシファー＝明けの明星は、カナン（現在のシリアとパレスチナ）の主神「エル」の子供である「アッタル」のことである。

これが、当時は先進地域だったカナンから、イスラエルに取り入れられた異民族の信仰に基づく神であったことは間違いない。

しかも当時、ここにはエ

ルというボスのもと、複数の神々によって構成された組織があった。そしてアッタル（ルシファー）は、この組織のメンバーでもあったのである。

イスラエルの神にしても、当時はまだ、この組織にいた気配が濃厚だ。

⬆傲慢《ごうまん》不遜《ふそん》な思いを口にする悪魔たち（ミルトン『失楽園』）。

つまり、彼らの唯一神であるヤハウェも、当時は神々のグループの一員にすぎなかった可能性があるのである。

ところがあるとき、主神エルは、世界を「バアル・ハダト」という神に一任した。そしてバアル・ハダトの死後、その座につこうとしたのがほかならぬアッタルだったというのだ。

ここで興味深いのは、彼らの名前だ。「エル」は「ミカ・エル」「ガブリ・エル」など、神の使徒である天使の名に多く見られるし、一方、「バアル」はまさに悪魔の名として残されている。また、アッタルがルシファーになったことは前述のとおりだ。ここから推測されるのは、後世、組織の一構成員だったヤハウェがエルを傘下におさめ、あくまでも反旗をひるがえすバアルやアッタルを追放したのではないか、という推測である。

　実際、かつての暁の輝ける子は、地獄では永遠の劫火《ごうか》に焼かれている。鉄の枷《かせ》で地獄の底につながれ、息を吐くときには亡者を吐きだし、吸うときには亡者をかみ砕いている。この苦しみに満ちた仕事を、滅ぼされる日までつづけなければならないのだ。

　ちなみに、17世紀に悪魔と契約を結んだとされる司祭、ユルバン・グランディエの部屋からは、ルシファーたち複数の悪魔と結んだ「契約書」が発見されている。最後に紹介しておこう。

「われら、全能なるルシファー、およびその介添《かいぞえ》人たるサタン、ベルゼブブ、レヴィアタン、エミリ、アスタロト、およびその他の者は、本日、われらが郎党なるユルバン・グランディエとの同盟の契約を受領したり。

われらはこの者に女どもの愛、処女らの花、修道女らの純潔、世俗の栄誉、快楽、富を与えん。

於地獄、悪魔議会（悪魔の署名）」

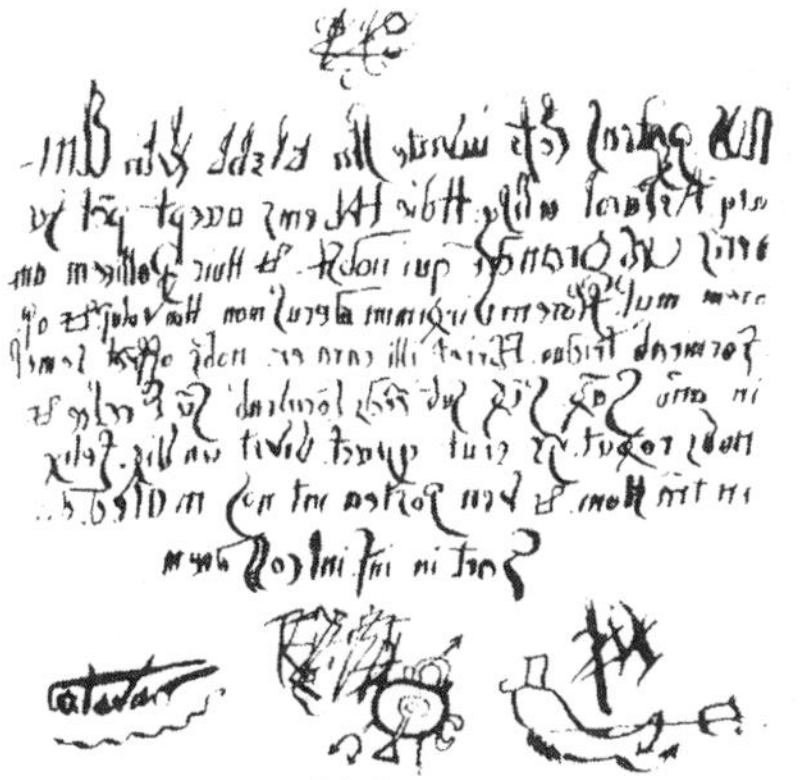

⬆グランディエ神父がルシファーと結んだとされる悪魔の契約書。

File 082

# アスモデウス

## 広範な知識に通じた悪魔世界の説教師

名前の意味は「破壊者」で、ユダヤの伝承によると、もともとは熾《し》天使だったが、サタンとともに天界から追放されてしまった悪魔のうちのひとりだ。

人間の淫欲を司る悪魔として知られており、エデンの園でエバを誘惑したヘビは、このアスモデウスだったといわれている。

その姿は、人間と牡羊、牡牛のふたつの顔、雄鳥の足、ヘビの尾、醜悪な翼と、まさに異形そのもの。一説によると、地獄の第一階級に属しながら、いまだに熾天使でいる存在だといわれている。

『旧約聖書』の「トビト書」では、サラという女性の花婿を7人、次々と殺し、大天使ラファエルによって追いはらわれる。そして逃亡先のエジプトでは、ミカエルによって再び捕縛されるのだ。

さらに、あのソロモン王に鉄枷《てつかせ》をはめられ、エルサレム宮殿の建設に従事させられたとい

⬆地獄に堕ちてなお、熾天使の位にあるアスモデウス。

う伝承もある。その後、アスモデウスはソロモン王の魔法の指輪を盗みだして自ら王位につくが、最終的には壺のなかに封印されてしまうのだ。

だがこのアスモデウス、実は地獄における幾何学や算術や天文学、力学の権威だというから、相当なインテリでもある。単なる「破壊者」ではないのである。

⬆3つの頭をもち、龍に乗ったアスモデウス。

この知識をもとに、悪魔界では説教師の役割を担っているという。さらに、魔女のサバトでは、アスモデウスが反教会・反キリストの説教を行うともいわれる。

そして、召喚魔術によって呼びだされたアスモデウスは、何でも正直に答えてくれるだけでなく、「星まわりの指輪」をくれたり、秘宝のありかを教えてくれたりするという。

ただしそのためには、きちんとした手順を踏むことが必要で、まず乗り物である龍から降りて王冠をはずすよう命じ、次に「あなたはアスモデウスに違いない」といいきる必要があるのだが。

ちなみに人間の学問・学術は、天使が人間の娘と結ばれた結果、もたらされたものとされている。だとすれば、淫欲を司るアスモデウスが、深い知識の持ち主であることも、決して矛盾はしないのかもしれない。

File 083

# ベルゼブル

## 地獄の名門・蝿軍団の栄誉ある創始者

蝿《はえ》の王バアル・ゼブブと習合し、しばしば巨大な蝿の姿で描かれる「悪魔の天使長」。この姿からは創造しにくいかもしれないが、悪魔のなかではルシファーに次ぐ高い地位にあるとされる。

『魔法』を著したカート・セグリマンによると、ベルゼブルは「蝿魔」のボスで、ほかの蝿魔どもを産んだ、すなわち、イングランドの魔女に乳で育てられた小悪魔どもや、ロンバルディ王のクニベルトを刺した大きな蝿である、と説明される。

この蝿魔、蝿の軍団は、実は地獄では名門中の名門とされており、死の君主エウリノーム、地獄軍の総司令官バアル、大法官アドラメレクなどもこの軍団の指揮官なのだ。そしてベルゼブルは、この蝿軍団の「創始者」なのである。

もともとはシリアやカナンの神だったが、ほかの悪魔と同じように、ユダヤ・キリスト教の教義のなかで、零落させられたものだ。蝿というのも、腐敗や病、罪、悪の象徴として与えられた姿だといえる。

ところでベルゼブルは、召喚される悪魔のなかでも、きわめて重要なポジションに置かれ、悪魔憑き現象も頻繁に引きおこしている。たとえば16世紀には、フランス北西部の町にベルゼブルが現れたという記録もある。

ニコール・オブリーという女性が、16歳になったとき、祖父の墓参りをしていると「今も煉獄《れんごく》から逃れられない。聖地を巡礼してほしい」という祖父の声が聞こえてきた。

彼女の様子がおかしいことに気づいた両親は修道士に相談。修道士はニコールを教会に

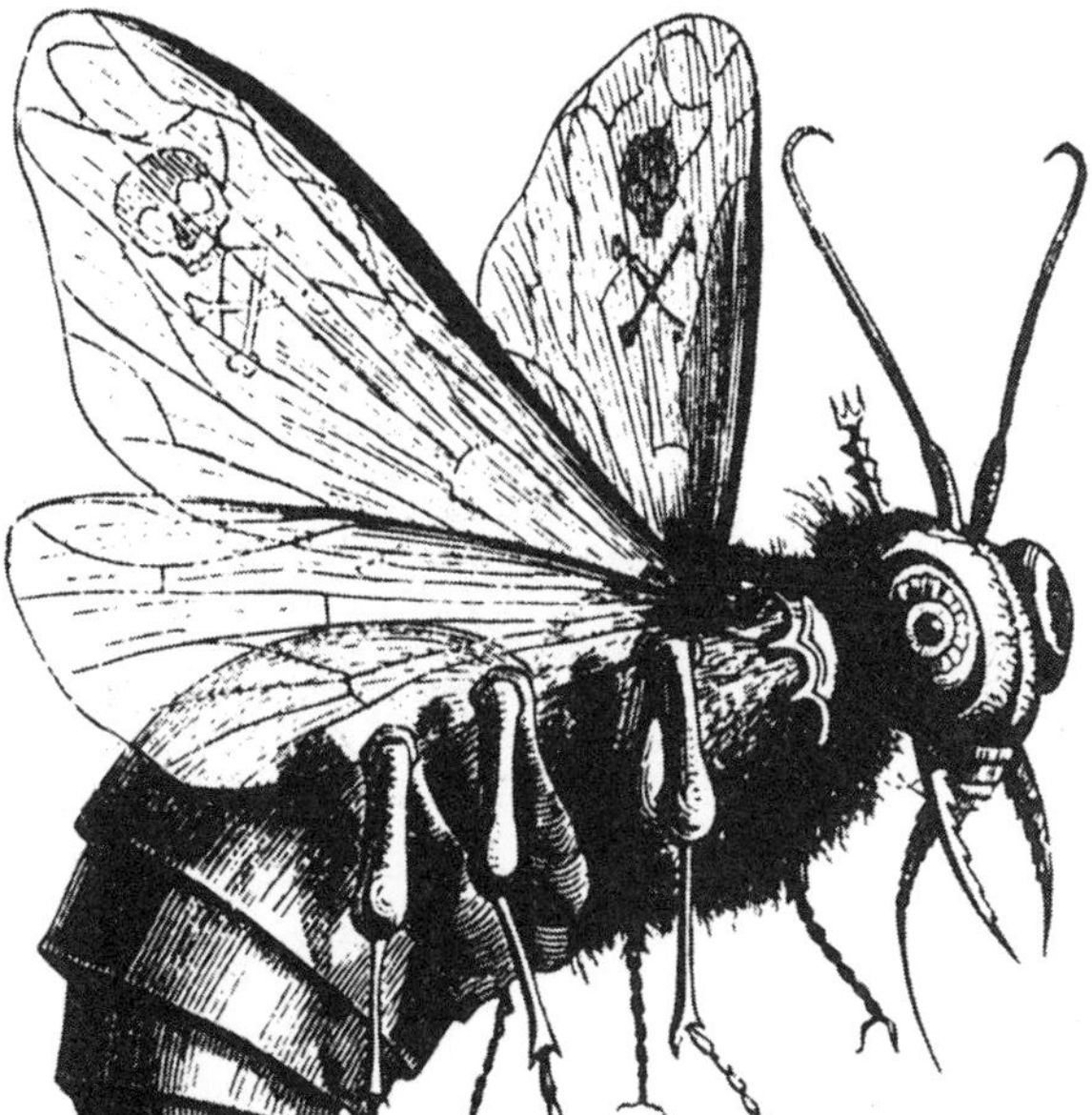

⬆蝿の王と習合したベルゼブル。

連れていった。

教会で司教が祈ると、最初は「自分は守護天使である」と名乗っていたニコールの憑き物も、ついに「ニコールの体をのっとった悪魔、ベルゼブルである」と、自らその正体を明かしたのだ。

急遽、悪魔祓いが行われた。すると怒ったベルゼブルは仲間を連れて舞い戻り、そこからは悪魔たちが次々とニコールに憑依し、さまざまな言語で話したという。

だが、司教と悪魔の激しい戦いの結果、ニコールが黒い息を吐くと、ようやく悪魔祓いも終結。ベルゼブルたちは去っていったのだ。

File
084

# ベリアル

## イエスを神界の裁判に訴えた弁論巧者

古代から中世にかけて、もっとも活躍した主要な悪魔のひとり。キリスト教では「地獄の王」とも「反キリスト」とも「サタン」とも見なされている。

ベリアルはヘブライ語では「価値なき者」を意味するが、古くは「サタン」と同じように一般名詞とされ、悪魔の多数の行いのうちのひとつの顔とされていた。そのため、キリスト教では「地獄の王」とも「反キリスト」とも「サタン」とも見なされている。

15世紀には、ベリアルを主人公とした『ベリアルの書』なる著作も出版されているが、ここで彼は、地獄の権益を代表して、イエス・キリストを訴えているのだ。

「イエスと呼ばれる人物が、不法にも地獄の権利に干渉し、彼のものでない事柄、すなわち、地獄、海、大地、大地に住むすべてのものの支配権を強奪《ごうだつ》している」というのが、ベリアルの主張だった。

⬆裁判の場にイエスを訴えたベリアル。

このとき神は裁判官にソロモン王を任命し、イエスは弁護人としてモーセの出廷を要求したという。

まず、一審ではベリアルが敗訴。これを不服としたベリアルは、すぐに控訴する。

かくして、エジプトのファラオ代理のヨセフを議長に、ローマ皇帝オクタヴィアヌス、哲学者アリストテレス、預言者エレミヤ、イザヤなどをメンバーとする控訴審が開かれたが、控訴棄却でイエスは無罪となった。

ある意味、当然というべき判決だが、興味深いのはこのとき、ベリアルもひとつの権益を獲得している、という点である。

⬆ベリアルの色彩版画（19世紀）。

というのは、最後の審判の日、地獄に落とされるいっさいの不善の者に対し、悪魔たちはその権威をふるってもいい、ということが確認されたというのだ。

これは、敗訴したとはいえ、いかにベリアルが雄弁で豊富な法律知識を備えているかを示している。

だが、その弁舌の内容はといえば、ほとんどがウソばかりで、生まれながらの性悪《しょうあく》というのが一致した評価なのである。

File 085

# リリト

天界から堕ちた大地母神の残像

カバラでは、アダムの最初の妻だとも、アダムがエバと別れたあとの妻だともいわれるリリト。このときリリトは、夫のアダムがユダヤ・キリスト教では唯一公認の「伝道の体位」でしか交わろうとしないことに腹をたて、ヤハウェに訴えでる。

↑「黒いマリア」もリリトのひとつの姿か。

ところが、当然というべきか——ヤハウェには話が通じなかったため、アダムを捨てて天界から飛びだしてしまうのだ。その結果、彼女は毎日、無数の子供を産み、そのうちの100人が死んでいくという呪いをヤハウェから受けている。

また、その周辺の説としては、アダムと交わることはなかったとか、アダムの妻としてデーモンを産んだとか、さまざまな説明が行われている。

ともあれ、さまざまな悪魔のなかでも、リリトの神秘性は際だっている。

信仰された地域も中東から西欧まで幅広く、成り立ちそのものが多くの謎に満ちているからだ。

ただし、最奥のルーツをたどれば、リリトのルーツはバビロニアの「夜の悪霊」で、さらに時代を遡《さかのぼ》ると、古代の母権制時代の女神が零落《れいらく》したものといわれている。

母権制の社会では、「夜＝月＝死者」という「陰」のモチーフが重視される。ところがユダヤ・キリスト教などの父権制社会では、「陽」である「日中＝太陽＝生者」が軸となる。こうして女神リリトは夜の悪霊に追いやられ、赤ん坊や出産女性を襲って命を奪う悪魔となったのである。

なお、リリトはその後、欧州各地で祀られる「黒いマリア」になったという説もある。また、天界から堕ちたあとで、サタンやイブリースの花嫁になったのではないかともいわれているのだ。

⬆中東地域で広く信仰されたリリト神の像。

File 086

# デーモン

零落した自然界の精霊たちの末裔か？

サタンと並んで悪魔をイメージさせる言葉といえば、なんといってもこのデーモンだ。言葉自体のルーツはギリシアの精霊「ダイモーン」だが、直接の原型はさらに古代メソポタミアまで遡ることができる。

ダイモーンの信仰では、善霊であるエウデモンと、悪霊であるカコデモンの別があった。このうち善霊のエウデモンは、託宣を下したり、夢で予言を行ったりなど、人間を守護してくれる存在だったという。

ところがその後、ユダヤ・キリスト教が台頭してくるとともに、ダイモーンの扱いも大きく変わっていくことになる。

そのとき、もっとも簡単なのは、ダイモーンを魔神デーモンとして位置づけてしまうことだった。と同時に、古代の異教の神々、各地で信仰されていた土地神や民族神たちも、すべてまとめてデーモンにしてしまったのである。

こうしてデーモンは、ダイモーンとは似ても似つかない、ありとあらゆる魔物たちの集合体的な性格にされてしまったのだ。

そして、ついには堕天使サタンとともに地獄に送られ、悪魔とも魔神とも見分けのつかない存在になったのである。

したがってデーモン＝魔神の存在は、無数にある。よくいわれるのは、6666人から なる6666の軍団、という数字だ。単純に計算すれば4443万5556人。いうまでもなく相当な数、大軍団だ。

一方、属性による分類もある。

・火のグループ（火竜サラマンドラなど）
・空気のグループ（空気の精シルフなど）

⬆災いを世界中にまき散らすデーモンたち。

・地のグループ（ギリシアの牧羊神など）
・水のグループ（水中に住むニンフなど）
・地底のグループ（大地の精グノームなど）
・暗黒のグループ（夜の悪霊リリトなど）

という6グループがそれだ。

あたかもTVゲームのキャラクターや魔法の分類のようだが、そこからもわかるように、実はこれだけではデーモンの分類とするには弱い。

むしろ、精霊や異教の神、信仰に対する分類に近いからだ。

ただ、これまで本稿で紹介してきたような、デーモンの成立の経過を考えれば、こちらのほうがむしろ真実に近いといえるのかもしれない。

# アニメ『エヴァンゲリオン』の世界

残酷な天使のテーゼという主題歌も大ヒット、1995年から1996年にかけてテレビ放送されたアニメ『新世紀エヴァンゲリオン』は、アニメの世界のみならず、社会にまで大きな一石を投じた作品として知られている。

21世紀、「セカンド・インパクト」と呼ばれる大災害から復興しつつある人類のもとへ、「使徒」という謎の「怪物」が襲いかかる。これと対抗するために、人類は人型決戦兵器エヴァンゲリオンを開発。14歳の3人の少年少女たちをパイロットに選び、使徒殲滅《せんめつ》を目指す……というストーリーだ。

ただし物語中にはいくつもの暗示的な伏線が張られ、「ロンギヌスの槍」「死海文書」「セフィロトの樹」「アダム計画」「マギ」といったキリスト教や神秘主義にまつわる単語も次々と現れてくる。

いや、そもそも「エヴァンゲリオン」自体、ギリシア語で「福音」を意味する「エウアンゲリオン」に由来するとされているので、タイトルの「新世紀エヴァンゲリオン」を「新世紀の福音」とすることも可能なのである。

そして、人類の命運を背負わされた主人公たちは、戦うことの意味はもちろん、自分の存在意義についても深刻に悩むのだ。

つまりこのアニメは、それ自体がひとつの宗教的世界であり、天使と悪魔の根源的疑問である善悪の対立、戦うことの意義を問うという、壮大な神話なのである。

ただし、アニメではその世界観と謎の解明が、すべてなされたとはいえなかったが。

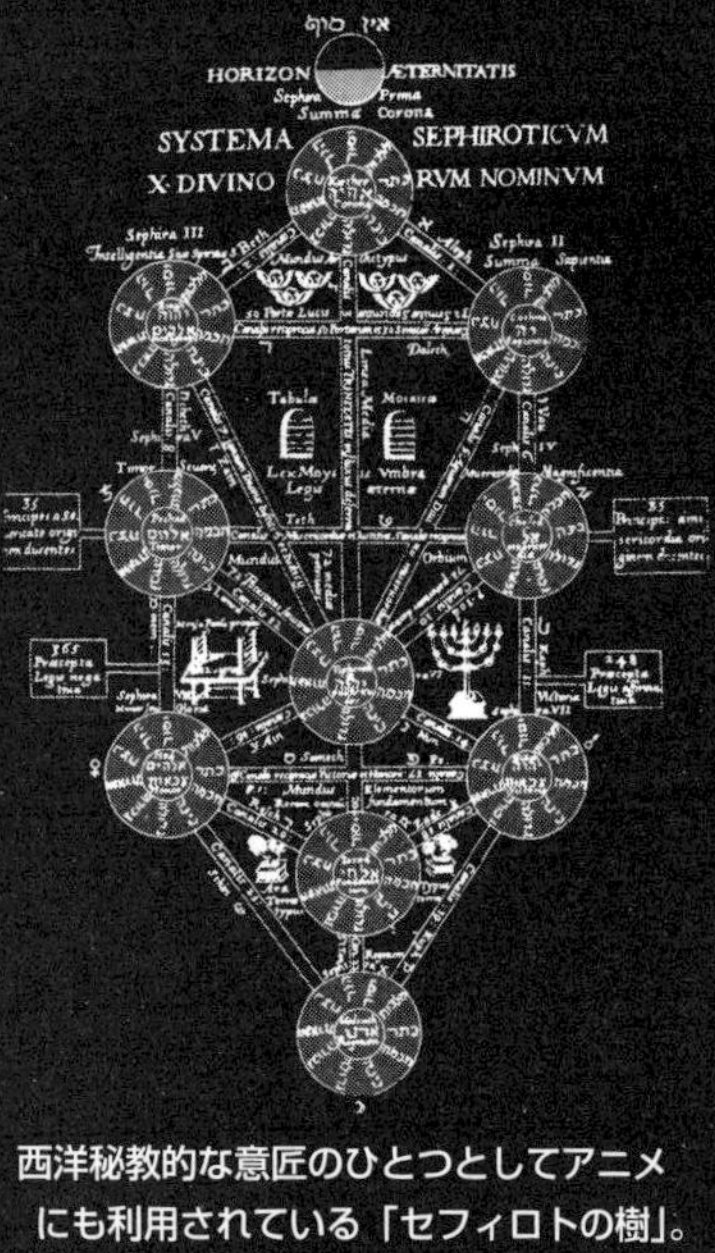


西洋秘教的な意匠のひとつとしてアニメにも利用されている「セフィロトの樹」。

# 第7章

†Chpter 7　The Encyclopedia of Demons

# 世界の悪魔図鑑

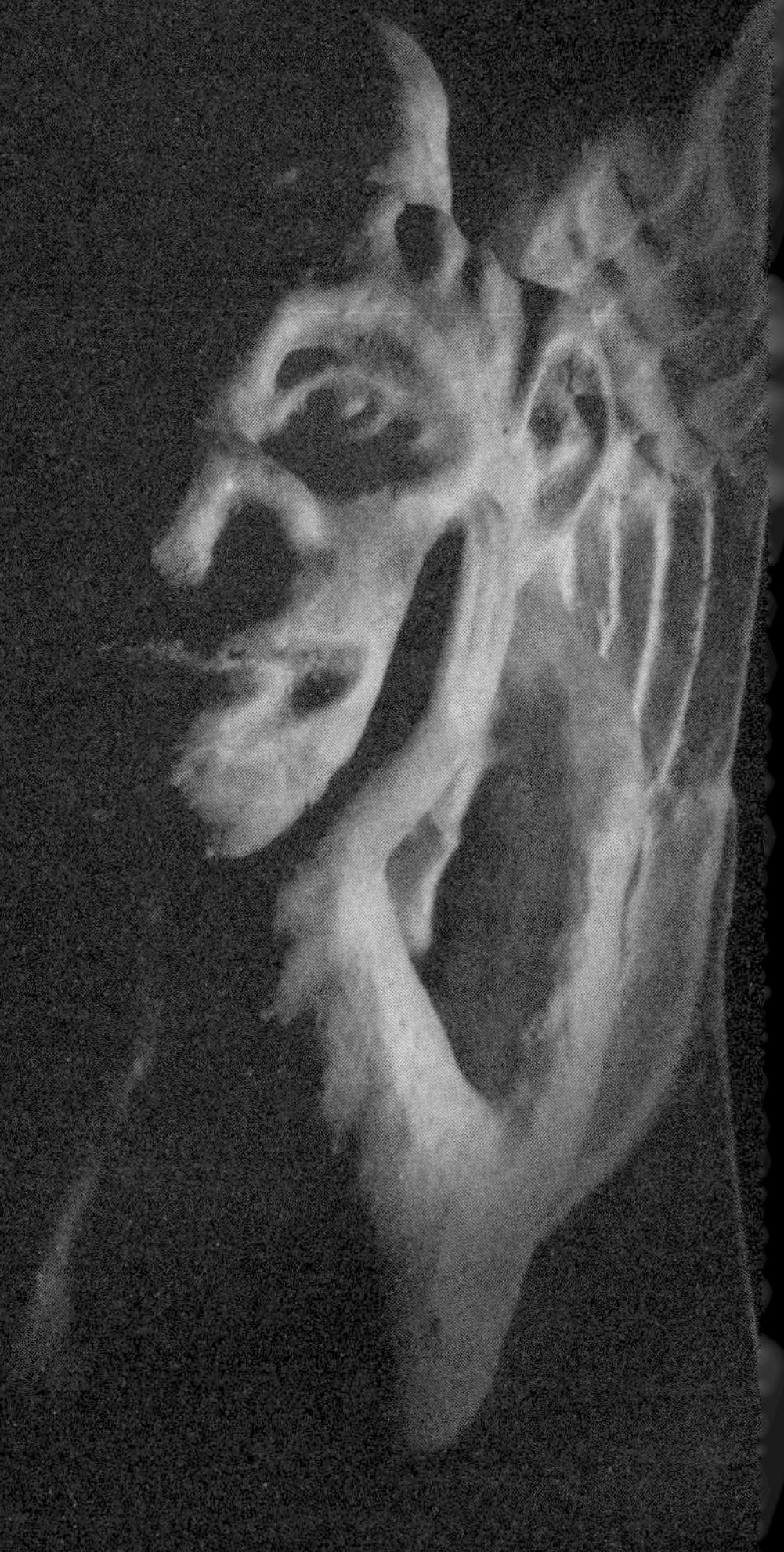

File 087

もともとはユーモラスな土着神だった!?

# 悪魔にされた神々

7大悪魔の項でも見てきたように、われわれのイメージする悪魔とは、キリスト教が周辺の民族を教化していくなかで、それまで信仰されていた土着の神々が〝零落《れいらく》〟したものであるといっていい。

日本では妖怪を定義する際に、民俗学者の柳田國男が「神々が零落したもの」と表現しているが、基本的にはそれと似ている。ただ、大きな違いは、キリスト教やイスラム教などの巨大宗教では、その後の神学などで、こうした「零落した神々」を徹底的におとしめ、悪魔化を進めたという点だろう。

なかでもヨーロッパは、キリスト教が広まる以前、各地でまざまな土着宗教が息吹いていた。こうした土着の神々は、そのほとんどが今では「悪魔」にされてしまったのだ。

そのためか、個々の悪魔の様子を見ていくと、どこかユーモラスなもの、善行に積極的なもの、人間に害を及ぼすとはとても思えないものが、多々見られる。おそらくこれらの悪魔は、もともと人々に親しまれ、崇敬を集めていたのだろう。

たとえば、世界的に有名な『地獄の辞典』という、19世紀に書かれた本がある。ここで紹介されている悪魔には、思わず首をかしげてしまうようなものも多い。

そこには、われわれ日本人には親しみやすい――というより日本のものである「山伏《やまぶし》」という項目があるが、こんな感じなのだ。

「山伏――地方を放浪し、悪魔と親しく言葉を交わすと自認する。誰も気づかぬうちに死体を持ち去り、死者を甦らせるという。
人々が断言するところによれば、この種の行者は、恐ろしい姿で現れる悪魔の掌中で誓願を立てる……」

どうだろう。その違和感については、われわれ日本人が誰よりもよくわかるはずだ。だが、これとほぼ同じことが、悪魔認定に際して行われたのは間違いない。ヨーロッパ各地のアニミズムや土着神は、まさにこれと同じように悪魔化されたのである。

零落した神、堕天使ルシファー（ドレ画）。

最後にひとつ……キリスト教世界の常識では、この世のすべての書物は神が著したものとされている。

つまり、その理屈でいえば、これまでに悪魔たちの話、言い分をきちんと聞いたものは存在しない、ということになる。当然ながら、どの悪魔も決して「自己紹介」をしているわけではないのである。

ましてや、その悪行、意地悪さ、嘘つきなどの悪評たるや、いいがかりにも近い。

これから紹介する多くの悪魔についても、できるならそんなところを感じてほしい。そして、もともとはどんな神だったのか、それを想像するのもまた、楽しい行為になるのではないだろうか。

File 088

# アザゼル

## イスラエルのすべての罪を背負った犠牲者

名前の由来は「荒れ地」。この悪魔は、200人の堕《だ》天使を束ねる21人の長《おさ》のひとりとされる。もとは、原始セム族の古代神だった。

ユダヤの古い祭儀では、ユダヤ暦7の月の10日に、雄山羊が2頭準備される。このうち1頭は神ヤハウェに、もう1頭はアザゼルに捧げられるのだ。そして、アザゼルに捧げられた山羊は、イスラエルのすべての罪を背負わされ、荒れ野に放されたのだ。

実は、この山羊はアザゼルそのものである。つまり、アザゼルはイスラエルのすべての罪を負った、犠牲者なのである。

一方でアザゼルは、地上に文化をもたらせた英雄でもあった。男に剣と盾のつくり方を、女に化粧道具の使い方を教えたのは、このアザゼルだったからだ。

ここから推測できるように、アザゼルはもともとは天使だった。ところが人間の女と同棲したために、堕天使と見なされてしまったのである。

↑贖罪《しょくざい》の山羊を連れていくアザゼル。

File 089

# アドラメレク

## 教会の権威を愚弄する孔雀の羽を背負った悪魔

ラバの頭、人間の胴体、孔雀の羽をもつアドラメレクは、もとはアッシリアで崇拝されていた地方神だった。

孔雀は、キリスト教では不死や復活、聖人を象徴する。また、孔雀の羽の模様は、すべてを見透かす教会の「目」と見なされてきた。このように、教会の権威の表れといっていい孔雀の羽をまとったこの悪魔の意図が、その権威を愚弄することにあることはいうまでもないだろう。

かつて、アッシリアの祭壇では、アドラメレクに捧げる生け贄《いにえ》として、幼児が捧げられたという。実はこれは、アンドラメレクという別の悪魔の生け贄の儀式でも行われており、おそらく両者は深いつながりがあるのではないかと思われる。

なお、アドラメレクは、蝿《はえ》族の大法官、地獄の尚書長《しょうしょちょう》、地獄の君主の衣裳部屋係、悪魔上級議会の議長など、さまざまな肩書きをもつことでも知られている。

⬆ラバの顔と孔雀の羽をもつアドラメレク。

File
090

怠惰なことが大好きな地獄の主計局大臣

# アシュタロス

⬆地獄の大公爵アシュタロス。

もとは豊穣《ほうじょう》を司る女神で、バビロニアではイシュタル、ギリシアではアフロディーテと同一視されることもある。

また、天界戦争の際、熾《し》天使筆頭だったサタンと行動をともにして堕天使になったともいわれているが、信憑性はない。ただ、悪魔としての位は高く、地獄の第一階級に属し、地獄の大公爵とも地獄の主計局大臣ともいわれている。

怠惰《たいだ》なことと安逸《あんいつ》が大好きで、それを人間に吹きこむ癖がある。

悪魔召喚で呼びだすと、過去、現在、未来の隠された秘密をなんでも教えてくれるという。ただし、猛烈な悪臭をともなうので、消臭の準備は万全にする必要がある。

アシュタロス、アスタロト、アシュトレトなど、さまざまな名前をもつ。ドラゴンにまたがり、手にマムシをもち、40人のデーモン軍団を率いている。

File
091

# アバドン

地獄の穴蔵に鎮座する元ギリシアの太陽神

⬆もとはギリシアの太陽神アポロンだったアバドン。

「ヨハネの黙示録」では、地獄の底なしの淵《ふち》の鍵をもち、そこにサタンを縛って閉じこめる殺戮《さつりく》の天使として登場する。

アバドンというのは「滅ぼす者」という意味だが、古くはギリシア神話における太陽神アポロンだったという。

アバドンが支配するデーモンは、軍馬のような外観をしており、頭には金の冠を載せ、人間の顔、女の髪と獅子の牙という、異形《いぎょう》の者たちとされる。また、その翼を羽ばたかせると、それはまるで戦車のような轟音《ごうおん》をたて、周囲を震えあがらせる。

なお、ユダヤ教やキリスト教では、アバドンはサタンと同じ堕天使と見なされており、地獄の穴蔵に鎮座しているといわれている。

File 092

# アモン

## 強靭な肉体から炎を吐く地獄の侯爵

デーモンたちの王族のなかでも、もっとも強靭《きょうじん》な肉体をもつ地獄の侯爵。

もともとはエジプトの神アモン（アメン＝太陽神）で、これを悪魔化したものといわれている。

「アモン」というのは「隠された者、不可解なる者、計り知れぬ者」といった意味をもっているという。

顔はフクロウ、体は狼、尾は蛇という姿で描かれるが、ときに頭も蛇ということもあるようで、これといった姿形についての定説はないとされる。

過去と未来に通じ、その知識を提供し、気が向けば仲違いした友人の仲裁も買ってでるという意外な一面ももつ。また、愛にかかわる秘密も知っているという。

召喚者が人間の姿を取るように命じれば、それには従うというが、その場合でも口から猛烈な炎を吹いて威嚇《いかく》する。

⬆悪魔有数の強靭な肉体をもつアモン。

File 093

# カイム

地上のあらゆる言葉に精通した雄弁家

堕天使で、地獄の大総裁といわれる。地獄でナンバーワンの雄弁家とされるが、その姿はツグミそのものだ。また、人間や鳥の言葉はもちろん、地球上のあらゆる動物の言葉に通じているという。

⬆サーベルをもったツグミの姿で現れるカイム。

『旧約聖書』に登場するソロモン王が著したとされる魔術文書には、72の霊的存在が登場するが、カイムもそこに記されている。

かつてソロモン王は、神に謀反《むほん》を起こした72人のデーモン王を集め、真鍮《しんちゅう》の容器に封印して湖に投げこんだ。ところが宝捜しのバビロニア人が容器を見つけてしまい、デーモンを世に解き放ってしまったのだとされる。

なお、人に化けるときには、細いサーベルをもち、燃えさかる炎のなかにその姿を現すという。さらに、ときには孔雀の尾をつけた姿で現れることもある。

File 094

# グノーム・グノミド

## 地中で仲むつまじく暮らす土の精

グノームは、いわゆる「土の精」で、グノミドはその妻にあたる。彼らは地底に人間世界のような町をつくっており、財宝や鉱物の番人をしているといわれている。

彼らについては、『ガバリス伯爵』という17世紀の書物に、こんな記述がある。

「地は、ほぼ中心までグノームがひしめいている。この小柄な連中は、地中の宝や鉱石、宝石を守護しておる。賢く、人間の友であり、たやすく命令に従う。『哲学者の子ら』が必要とする全資産を提供してくれ、その見返りとして命令を与えられる栄誉以外のなにものも求めない。

グノミド、すなわち彼らの妻は、小柄だがとても愛らしく、またその衣装が恐ろしく風変わりである」

またこの本には、空気の精のシルフ、地の精のグノーム、水の精のニンフ、火の精のサラマンダーは、人間と結婚することによって不死をえることができる、とも書かれている。

だが一方で、グノームは悪魔にそそのかされ、人間に契約を結ばせている存在だ、とも。

⬆地底世界の精霊、グノームとグノミド。

第1章 第2章 第3章 第4章 第5章 第9章

File 095

# ケルベロス

## 魔神にして地獄帝国の侯爵のひとり

ケルベロスは強靱な体をもち、3つのイヌの頭か、カラスの姿で現れるとされる。しわがれ声ながら雄弁にしゃべり、美術的な素養も高いという。ヨーロッパでは魔神とされ、地獄帝国の侯爵のひとりでもある。

この、イヌの頭が3つというのには、次のような古代伝承がある。

そもそもケルベロスは地獄の門を守る番犬で、しかも3つの頭には無数のヘビがまとわりついていた（尾がヘビになっているという説もある）。一説には「百頭獣」ともいわれ、その鋭い牙は、相手をたちまち死に至らしめる威力があったという。

この地獄のイヌ小屋は、ステュクス川（地獄との境界線を流れる真っ暗な川）の地獄側にあるとされた。

この番犬が後に悪魔として地獄の侯爵にまで昇りつめたわけで、16世紀末にはフランス北部で人間の女性と結婚したという話も伝えられている。

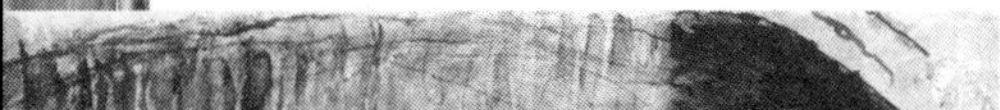

地獄の番犬ケルベロス（ブレイク画）。

File 096

# コバル

いたずらが大好きな「山小僧」

ギリシアでは「山小僧」という愛称で呼ばれ、やさしくおだやかな魔神とされている。「小僧」という名に似つかわしくないような、歳をとったこびとの姿で現れるという。

丈の短い服を着て、袖も肩までたくしあげている。その姿はほとんど裸に近く、腰には革の前掛けをつけている。

また、ドイツでは「コボルト」という名前で知られているようだ。

とにかく、この悪魔の最大の特徴はやはり、いたずらや嘘を好む、という点にある。

実際のところ、次のような記述がもっともこの悪魔の実態を表しているのだろう。

「こういう輩《やから》は、かなり剽軽《ひょうきん》好きと見えて、笑い転げたり浮かれたり……。

このこびとどもが忌み嫌うのは、嘲罵《ちょうば》や侮辱や冷笑の類、これをやつらにせぬかぎり危害を受けることはない。

だが、うっかりと怒らせたなら、やつらはたちまち土や小石を放りなげ、ときには傷つけることもある」

まさにいたずら妖精の面目躍如だろう。

いたずらをするコバル。

File 097

# スコクス

地獄界でも指折りの嘘つき悪魔

地獄の公爵兼大侯爵である。

嘘を好み、コウノトリの姿で出現する。

悪魔召喚で呼びだすと、従順であると自ら口にし、たとえ立てつづけに命令されたとしても、すべて従うという。とはいえ、これもまた嘘であり、しばしばいうことをきかないこともある。

また、金持ちの家から金を盗みだし、1200年後に――それも命じられたときだけだが――返却する。

ともあれ、この悪魔の本質は嘘つきということに尽きる。

ただし、魔法の三角形に閉じこめられると、さすがに苦しくなるのか、この世界の超自然的な知識についてのみ、本当のことを口にするといわれている。

また、悪霊の見張りがいない宝の在処をこっそりと教えてくれるという話もあるが、これだけ嘘つきとなると、とてもあてにできるものではないだろう。

地獄の大侯爵スコクス。

File 098

# ダゴン

人間に文明技術と秘教をもたらした魚人間

地獄における、パンの製造と管理を司るといわれている。もともとは、パレスチナ西部沿岸のペリシテ人の神だった。上半身が人間、下半身が魚の半魚人の海神で、かつてはイスラエルの神ヤハウェに匹敵するほどの力をもっていたという。

ちなみにダゴンという名前は、ヘブライ語の「魚（ダグ）」と「偶像（アオン）」を合成した言葉である。

「列王記」によると、モーセの契約の櫃《はこ》（アーク）がペリシテに運ばれたとき、そこにはダゴンの像が祀《まつ》られていたが、翌日にはその像が破壊されていたというエピソードもある。

また、ヤハウェ配下の英雄サムソンによって倒されたとも、地獄に幽閉されてから、有力な悪魔になったともいう。

なお、人類に文明技術や古代の秘教をもたらした魚人間だったという伝説もある。

⬆恐ろしいまでの炎を吐くダゴン。

File
099

# タップ（ガープ）

人の憎しみを誘発し、あおりたてる

地獄の大総裁にして偉大な王様。ガープと呼ばれることもある。ソロモン王の霊72人のひとりで、堕天した能天使だといわれている。人と人との間で愛と憎しみを誘発し、あおりたてるのが得意で、未来を予見することもできる。また、人に化けることもできて、その場合はちょうど正午に現れるという。

　地獄の主要な王のうちの4人を配下にしており、その力は絶大。タップの力を得るために、かつての降霊術師たちは秘術を駆使して召喚しようとした。この秘術は一部では、ソロモン王の手になるものと信じられていた。

　もしもこうしてタップの召喚に成功すれば、彼は人間をどんな場所にでも瞬時に連れていってくれるという。

　また、予言者エリアとエリシヤの手によるとされる著作『ソロモンの鎖骨』には、タップを祓う神の力が秘められているといわれている。

絶大な力を誇るタップ。

File 100

# ドゥエルガル

## 女性の死をじっと見まもる闇の精

ドゥエルガルは、闇の精と同族であるとされる"こびとの悪魔"である。

主にスカンジナビア地方の神話に登場し、人の家に住み着く。そしてその家で女性の死者が出るときには、じっと彼女のそばにつき、一晩中、その死を見まもるといわれている。

その姿は、足が短いわりに手は地面に着くほど長い。金や銀、銅の細工の専門家で、ノルウェーでは結晶石の規則的な形や光沢を作りだしたのは、山に住むドゥエルガルだといわれている。そして山彦は、彼らの声だと考えられたのだ。

また、スカンジナビアの神話によれば、彼らは北欧神話における原初の巨人イミールの死骸から神によって作りだされ、あらゆる知識と知恵を与えられたとされる。

怪力の持ち主でもあるが、戦いを好まない穏和な性格でもある。

女性の死を見守るドゥエルガル。

第1章
第2章
第3章
第4章
第5章
第6章
第7章 世界の悪魔
第8章
第9章

File 101

# ニッカール（ニック）

## 主神オーディンの悪魔化した姿

スカンジナビアの神話において、主神であるオーディンが悪魔として行動するときに、この名で呼ばれる。スカンジナビアの湖や川に潜み、嵐を引き起こすといわれる。

また、ドイツ北部のリューゲン島にも、ニッカールが棲んでいるといわれている。

この島の湖にはとても陰気な空気が漂っていて、水は濁り、周囲は深い森で覆われている。その水のなかに潜んだニッカールは、湖上に浮かんだ舟を放りあげたり、水没させたりするのだ。

ドイツでは水の精を「ニクス」というが、この言葉からもわかるように水にまつわる妖怪は、このニッカールにルーツがある。

キリスト教が定着する前、ドイツのエルベ川やガール川にはこのニクスが棲んでいるとされ、周囲に暮らすザクセン人たちはニクスを女性神として崇拝すると同時に、畏《おそ》れていたのである。

水のなかに棲むニッカール。

File 102

# ネフィリム

太古、地球を訪れた異星人の末裔か？

『旧約聖書』「創世記」には、神エロヒムの子が人間の娘に生ませた、ネフィリムという巨人が登場する。

一説によれば、巨人の身長は３０００キュビット。メートルに換算すると、１３００メートル以上もある。

その巨体から、当然彼らは戦士であり、肉体的強者であったようだ。そのため、天にも届くようなバベルの塔を建設したのも、彼らだといわれている。

彼らの性格はきわめて破壊的で、食べ物がなくなると人間を襲って食べたり、ときには共食いをしたりしたという。

ただし、名前の由来は巨人とは関係なく、古代シュメールの言葉で「天から落ちてきた者」を意味するらしい。

そこから宇宙考古学者のゼカリア・シッチンは、彼らは太古、地球へやってきた異星人の末裔《まつえい》だと主張している。

⬆きわめて破壊的な巨人ネフィリム。

File 103

# バアル

## 多くの肩書きをもつ悪魔世界の名士中の名士

66のデーモン軍を率いるとも、6万の軍団を率いるともいわれる。それゆえ、大公爵、地獄界の東方の大王、地獄軍総司令官、蝿騎士団指揮官など、多くの肩書きをもつ悪魔世界の大物だ。なかには、地獄の王の筆頭にすえる魔法書もある。

もともとは、カナンを中心に崇められた豊《ほう》穣神《じょうしん》で、「バアル」とは「主」「王」を意味している。『旧約聖書』「列王記」には、バアルの預言者とエリヤが争い、敗れたバアルの預言者500人が殺された、という記述もある。また、エジプト神話では、嵐の神セトとも同一視された。

その姿は、人間、猫、ヒキガエルという3つの頭をもち、なかでもヒキガエルの顔からは猛毒の息が吐かれるという。しかも、その目は、にらむだけで人間を失神させたり、金縛りにあわせたりすることができる。

まさに、無気味な力をもった悪魔の名士なのである。

⬆地獄軍の総司令官、バアル。

File 104

# バジリスク

## 1日で200人を殺した悪魔の視線

体長50センチほどの小型のヘビだといわれる。だが、その姿はまさに異形で、2本の蹴《け》爪《づめ》と雄鳥の頭と鶏冠《とさか》、さらに翼というほとんどニワトリのような姿でありながら、尾はふつうのヘビそのものである。なぜこのような姿なのかというと、バジリスクがヘビ（もしくはヒキガエル）と雄鳥の間で生まれる、とされたからだ。

バジリスクの最大の武器は、その目だ。というのも、バジリスクに見つめられたものは、例外なく命を落とすとされているのである。

かつてアレキサンダー大王がある都市を包囲したとき、一匹のバジリスクが都市の加勢に現れた。そして、城壁の入り口で大王軍の兵士たちをにらみつけ、たった1日で200人の兵士を殺したといわれている。

そんなこともあってか、バジリスクは生まれつき宝石のついた冠をかぶっている、ヘビ族の王者なのだという。

生まれたばかりのバジリスク（左下）。

File 105

# ハボリム

## 人間世界に火事を起こしてまわる放火の悪魔

ハボリムは、またの名をアイムともいう。悪魔学のなかでいうと、ソロモン王が封じた72の悪魔のひとりで、地獄の侯爵とされる。そこでは、26の軍団を指揮しているという。

⬆火をつけてまわる放火の悪魔ハボリム。

また、火事を起こす放火の悪魔としてもよく知られている。

人間と蛇と猫の3つの顔をもち、マムシに乗って空を飛ぶ。そして手には、放火のための松明《たいまつ》が燃えさかっているのだ。また、人間をそそのかすのが得意で、法律にも詳しいとされている。

この悪魔の特徴は、そのままエジプト神話に結びついているという指摘もあり、異教における神が零落《れいらく》して悪魔にされたというパターンは、ここでもそのまま見ることができるのだという。

あるいは3つの頭が、秘教における自然界の要素を表しているという説もあり、その意味でも興味深い悪魔である。

File 106

# ピコリュス

## 人の血をもってのみ鎮まる魔神

ピコリュスは、古代プロシア（バルト海沿岸、スラブ系プロセイン人の居住した地域）で、崇められていた魔神である。

ここでは死者の首がピコリュスに捧げられ、さらに獣脂が燃やされ、崇拝されたといわれている。

どこかユーモラスなピコリュス。

ピコリュスの出現に関しては、次のような話が伝えられている。

それは、要人の晩年に出現し、そのときにきちんと鎮《しず》めておかなければ、再び世に現れるということだ。そして、このときも何もせずに放っておくと、3度めの出現では誰にも手がつけられなくなり、もはや人の血をもって鎮めることしかできなくなってしまうのである。

ちなみにピコリュスは、自分の宮殿をもっている。そして機嫌がよければ、宮殿中にその笑い声が響きわたるのだという。

上から下まで、ヨーロッパ調のクラシックな衣装で決めているのがなんともおかしい。

File 107

# ブエル

あらゆる病気や怪我を治す地獄界の名医

地獄の総裁で、50の悪魔軍団を率いている。だが、ブエルの最大の特徴は、悪魔のなかでも飛び抜けて異形なそのスタイルだろう。図版を見ていただければおわかりのとおり、中央にライオンの頭があり、その周囲に5本の山羊の足が放射状に生えているという姿で、この足を回転させながら進んでいくのだという。また、形との類似からか、本当はヒトデの姿をしているという説もある。

悪魔召喚を行った者にはきわめて忠実な態度をとり、美徳、教訓、薬学、語学、哲学、論理学、倫理学など、あらゆる知識を与えてくれる。とくに薬学には詳しく、すべての病気や怪我を治すことができるという。

20世紀最大の魔術師として知られるアレイスター・クロウリーが、友人の病気を治療するためにブエルを召喚しようとしたことはよく知られている。このときは、ブエルの頭と足が出現したと伝えられている。

⬆5本の足を回転させて進むブエル。

File 108

# フォラス

財産や遺失物捜しが得意な地獄の大総裁

長いひげと白髪という、人間の姿をした悪魔。手には鋭い槍をもっており、大きな馬に乗っている。この槍で、ときには騎士の役割もつとめるといわれている。

ソロモン王に封印された72の悪魔のうちのひとりで、29の軍団を従える地獄の大総裁でもある。

悪魔召喚でも、人間の姿で現れる数少ない悪魔である。

また、その知識は地獄界の学者と呼ぶにふさわしいもので、医術や薬草学などの魔術的・医学的知識から、宝石などの鉱物学、論理学、美学、手相学、修辞学、火占術、数学など、ありとあらゆる知識に通じている。

さらに、人間を透明にしたり、長生きさせたり、雄弁にさせたりすることもできたし、財宝や遺失物を捜すのも得意だったといわれている。

⬆馬に乗った地獄界の大学者フォラス。

File 109

# ベヘモット

## 神ヤハウェが自ら「傑作」と認めた堕天使

鯨、象、牛、犬、狐、狼など、さまざまな動物の姿をとることができる堕天使。この悪魔については、神ヤハウェ自身が「ヨブ記」で次のようにいっている。

「見よ、ベヘモットを。お前（ヨブ）を造った私は、この獣も造った。これは牛のように草を食べる。見よ、腰の力と腹筋の勢いを。尾は杉の枝のようにたわみ、腿《もも》の筋は固く絡みあっている。骨は青銅の管、骨組みは鋼鉄の棒を組みあわせたようだ。これこそ神の傑作、造り主をおいて剣をそれに突きつける者はない」

⬆巨大なお腹と臍を強調されたベヘモット。

興味深いのは、神が自ら「傑作」と口にしていることだろう。一般にこの悪魔は、巨大な腹をもった象の姿で描かれることが多い。このとき、飛びだした巨大な腹と、臍《へそ》が強調されている。これはベヘモットが、食べて太り、人間の食肉や犠牲となる牛のシンボルであり、その力の根源が臍にあるとされたためなのだ。

File 110

# ベリト

錬金術師たちの崇敬を集める地獄の公爵

魔術師ジョン・ディーによる『エノク書』にまつわるデーモンであり、若い兵士の姿で、頭からつま先まで真っ赤な服を着て、赤い馬に乗って現れるとされる。また、頭には王冠をかぶっている。

錬金術の達人、ベリト。

あらゆる金属を黄金に変える力をもち、過去・現在・未来に精通している。そのため錬金術師たちの間では、ひそかに崇敬の念を集めているらしい。

悪魔召喚で呼びだしたときには、呼びだした者が魔法の指輪を手にしていればなんとか操ることができる。それでも、嘘をつくのは日常茶飯事で、なかなか思いどおりにはならないだろう。

偉大にして恐るべき地獄の公爵と形容され、人間には望むがままの高位を与えるといわれている。また、歌手の声を明瞭で鋭いものに変える力もあるという。

ソロモン王が真鍮《しんちゅう》の容器に封じて湖に沈めたという、72人の悪魔のうちのひとつである。

File 111

# ベルフェゴール

## 人間の排泄物を捧げられた山の魔神

その醜悪な容貌だけでなく、裸で便器に座った姿勢で描かれるベルフェゴール。伝承では、人間の排泄物を捧げられた魔神だといわれている。「屁《へ》の神」「男根《だんこん》の神」とも同一視されていた。

⬆便器に座るベルフェゴール。

排泄物はかつて、農作物にとって重要な肥料でもあったわけだから、古代の豊穣の神＝農耕神バアルとのつながりも推測できる。

バアルといえば蝿の王が連想されるが、排泄物と蝿というつながりも、この姿のアイデアのひとつだったのだろう。

そもそもバアル神の信仰は、古代のメソポタミア地方では各地で行われていた。つまり、ユダヤ教やキリスト教成立以前にはヤハウェのライバルだった神が零落したもの、と考えられるのである。

のちに悪魔となってからは、山の穴や、岩の割れ目に住んでおり、しばしば若い女に化けて人間世界に現れるとされる。

File 112

# マモン

貴金属に激しく執着する金銭・物欲の魔神

金銭・物欲の神にして吝嗇《りんしょく》の魔神、そして誘惑者たちの君主。まさに人間の欲望を具現化したような悪魔――それがマモンだ。名前の「マモン」は「富」「金」を意味するシリア語で、貴金属や金に対して異常なほどの執着心を示すという。

人間を誘惑するときにも、当然のようにこうした金銀財宝をふんだんに使う。だが実際には、しばらくすると馬糞や灰に変わってしまうのだ。

イギリスの騎士物語『妖精の女王』のなかでは、地獄の門のすぐそばにある「富の館」に住んでいる。そして、人間に大地から財宝を掘りだす方法を最初に教えたのは、このマモンだというのである。

ちなみに性格はきわめて温厚で、神と戦うための作戦会議でも、「神や人間と戦うくらいなら、地獄で黄金を撫《な》でているほうがいい」と口にしたといわれている。

⬆金銀財宝には目がないマモン。

File 113

# マルファス

## ソロモン王を助けた悪魔世界の大建築家

大鴉《おおがらす》の姿で現れ、そのするどいクチバシで人間の目をつついて盲目にさせる。

地獄の大総裁のひとりとされるが、なぜかこの悪魔には善と悪の二面性のようなものが見受けられる。というのも、人に危害を加える一方で、建築に特別な才能をもつ魔神という顔ももっているのである。

過去には、建築家としてソロモン王を助けたという伝説もあるし、難攻不落の砦や塔を建てたり、敵の城壁を破壊することは朝飯前だったといわれている。さらに、腕のよい職人を見出したり、家庭に守り神を与えてくれたりという力ももつ。

そのため、かつて神殿を造営するにあたっては、最初にマルファスに生《い》け贄《にえ》を捧げる習慣があったという。

おそらくそこには、鴉がユダヤ・キリスト教で悪魔の鳥とされたのに対し、ギリシアでは神託をもたらす聖鳥《せいちょう》とされたというような、各地の信仰が反映しているのだろう。

⬆建築の才能をもった悪魔マルファス。

File 114

# 夢魔

アレクサンダー大王の父だった？

夢の世界で人間に性的なアプローチを行うのが夢魔《むま》だ。男の夢魔をインクブス、女の夢魔をスクブスというが、両性を自由に行き来するというから、いずれにせよ区別はあまり意味がない。

インクブスは、睡眠中の女性に夢のなかで性的暴行を加えるのを好むという。なかでも、貞淑《ていしゅく》や清純を基本とする修道女や信心深い女性をターゲットにし、悪魔の子を妊娠させてしまうのである（ユダヤ教では、悪魔は精液の汚れから誕生するとされている）。

夢魔と人間のあいだにできたとされる人物も何人かいるが、もっとも有名なのはアレクサンダー大王や、マルチン・ルターだろう。

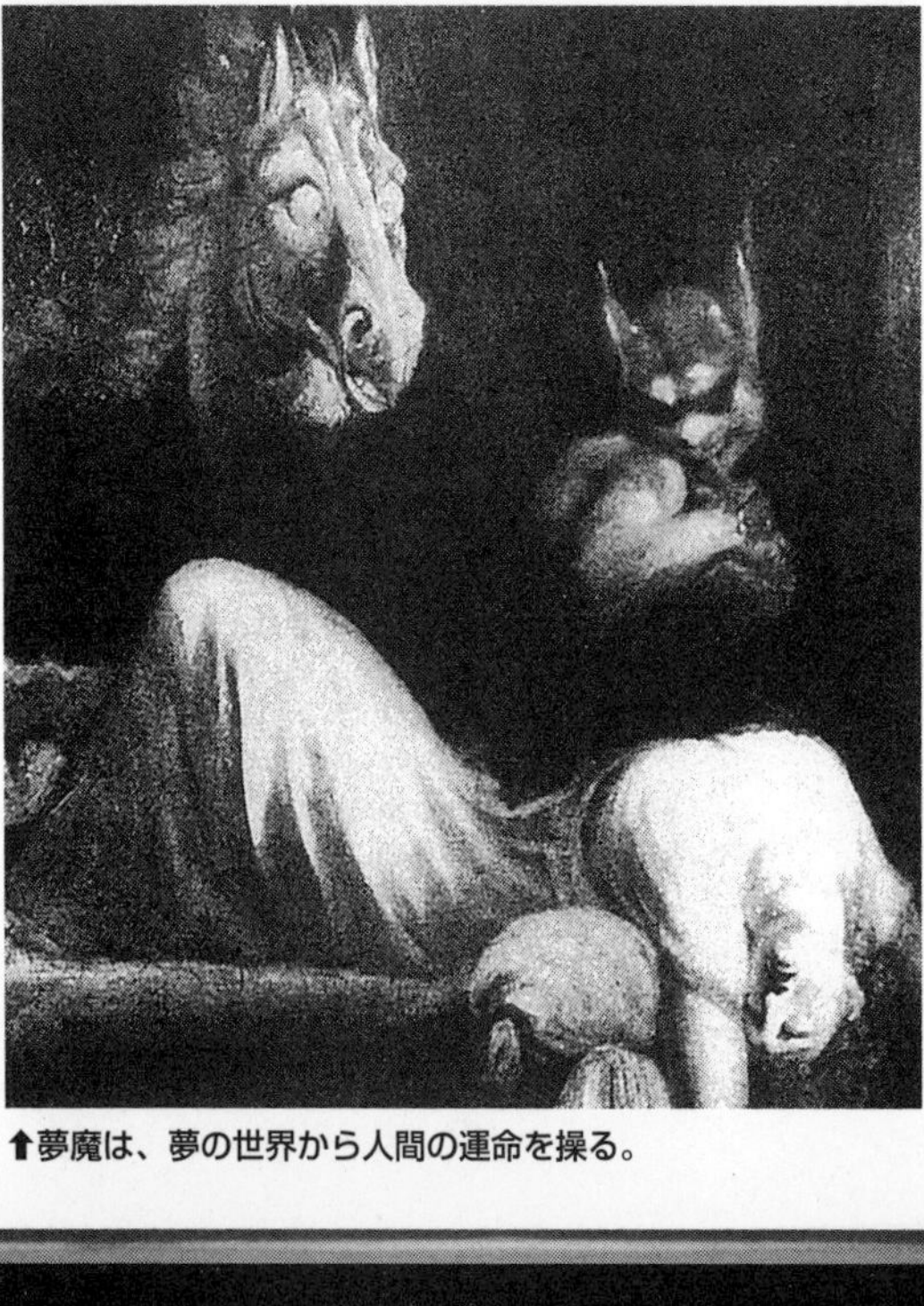

⬆夢魔は、夢の世界から人間の運命を操る。

File 115

# メフィストフェレス

## 優雅でダンディ、底意地の悪い悪魔紳士の代名詞

ゲーテの『ファウスト』で有名な悪魔、メフィストフェレス。「光を嫌う者」という名をもつ、元大天使にして地獄の七大王子のひとり。優雅な振舞いとダンディ気質、そして底意地が悪く雄弁で冷酷――まさに現代の悪魔紳士のイメージそのものだ。

⬆地獄界の紳士メフィストフェレス。

だが、実際のところは悪魔界では小物扱いな存在のようで、17世紀に書かれた『偉大にして強力の海の幽霊』という、ファウスト博士の著作とされる魔法書の序文には、こんなことが書かれている。

いわく――ファウスト博士が契約したのはメフィストフェレスではなく、ベルゼブルだった。しかもメフィストフェレスはこのとき、ベルゼブルの従僕《じゅうぼく》として、使いに出されただけだったのだ――と。

ちなみにファウスト博士は、悪魔との契約で24年間、望むがままの人生を送ったあと、リムリッヒという街の近くで悪魔に絞殺《こうさつ》されている。

File 116

# モレク

たくさんの涙を飲みこんだ「涙の国の君主」

「涙の国の君主」と呼ばれる、アモン人の神。「モレク」というのは「メレク＝王」を意味するヘブライ語で、ユダヤ人が崇拝した偶像のひとつだった。

⬆胴体に巨大な炉と祭壇をもつモレク。

その偶像＝神像の内部は、下が巨大な炉で、上には生け贄を捧げる7つの戸棚があった。

まず最初に生け贄たちは、下の炉で焼かれ、その後、それぞれの戸棚に小麦粉、雉鳩《きじばと》、牡羊、牡山羊、子牛、牡牛、人間の子供が捧げられたのだ。

このとき、生け贄にされた子供は激しく泣き叫んだに違いない。もちろん、その親もそれ以外の犠牲の動物たちも同様だ。「涙の国」というのは、こうしたものたちすべての涙を指しているのだろう。

だが、こんなにも恐ろしい儀式を人々に要求する悪魔であるにもかかわらず、「もともとは王の健康と長命」を司る神だったという説もある。

もっとも、王個人の健康や長命と、犠牲とされる庶民の命とが同列で語られることがないのは、洋の東西で珍しい話でもない。

File 117

# ラミア

## 子供をさらい、兵士の墓を掘りおこす食人鬼

子供を盗んでは炙《あぶ》り殺すという悪霊。その姿は老婆そのものだが、もともとは美貌《びぼう》で知られたリビアの女王だった。ところが、彼女の美しさに魅了されたゼウスの妻の嫉妬《しっと》にあい、醜い姿に変えられてしまう。

　こうして復讐に燃える悪霊となったラミアは、子供の血を吸ったり、男を誘惑したりするようになったのである。

　ラミアは、荒れ野にも町にも、さらには戦場にも出現するといわれており、シリアの戦場では、埋葬されていた兵士の死骸をむさぼり食う複数のラミアが目撃されたという話もある。

　直接人間に手を下し、血を吸う食人鬼。その恐ろしさは悪魔のなかでも際だっている。

⬆死体を掘りおこす老婆の姿のラミア。

File 118

悪魔の宴〝サバト〟の総帥

# レオナール

レオナールは、サバトの総帥であり、下級魔神の長、魔法や黒魔術、魔法使いたちの総監督官とされる。長身ではあるが、牡山羊《やぎ》の姿という異形。しかも角が3本あり、両耳はキツネ、髪は逆立っている。さらに、ふだんは見えない臀部《でんぶ》にも顔があるという。

この臀部の顔は、魔法使いたちにとって崇拝の対象となっており、彼らは緑色のろうそくを手に、この臀部の顔に接吻《せっぷん》するのである。また、牡山羊だけではなく、グレイトハウンド犬、牡牛、黒い鳥、さらには木の幹に化けることもあるという。

基本的には寡黙で、しかもメランコリックな性格の悪魔である。ただし、魔法使いや魔神の集会に参加するときにはそうした顔は見せず、傲然《ごうせん》としながら威厳をひけらかしているようだ。

悪魔礼讃の宴である〝サバト〟の様子を描いた絵画では、中央に山羊の姿の悪魔が座っているが、これがレオナールなのだ。

サバトの総帥、レオナール。

File 119

# レビヤタン

いまも海中に静かに潜む巨大な「水の怪物」

⬆海に潜む巨大な怪物、レビヤタン。

レビヤタンは「水の怪物」を意味する。一般的には龍としてイメージされることが多いが、基本的には海獣で、巨大な鯨の姿で描かれることもある。というのも「レビヤタン」は、「ヨナ書」では「鯨」、「イザヤ書」では「逃げる蛇」もしくは「海にいる龍」とされているからである。

ともあれ、この悪魔が海に生息する巨大な怪物であることは間違いない。そして、そのウロコから放射される光は、太陽さえも曇らせるといわれているのだ。

いまだ人間にとって未知の世界が広がる海には、あるいは現在でもこのレビヤタンが、息をひそめているのかもしれない。

ただし、地上に最後の審判の日が訪れれば、他の悪魔たちと同じように、レビヤタンも裁きを受けなければならない。いくら海中に隠れていても、そのときはあっさりと神によって殺されてしまう運命なのである。

File 120

終末までの時間限定の存在

# ペルシアの悪魔

ペルシアの悪魔は、ゾロアスター教との関係を抜きにしては語ることができない。

この地で起こったゾロアスター教は、開祖の実在が確実視される創唱宗教としては世界最古だといわれている。そして、アフラ・マズダーとアーリマン（当初は善霊スパンタ・マンユと悪霊アンラ・マンユ）の対立・闘争を軸にした二元論、さらに終末論や、天使の前身とでもいうべき「聖なる不死者」の観念は、ユダヤ教やキリスト教、イスラム教はもちろん、大乗仏教にまで大きな影響を与えている。

すなわち、天使論・悪魔論の元祖といってもいいゾロアスター教では、悪魔はどのような存在とされているのだろうか。

まず、ゾロアスター教では、宇宙の二大原理を善神と悪神の対立構造に置く。当然、そこには善の勢力（天使）と悪の勢力（悪魔）というものが生まれてくることになる。その悪の筆頭がアーリマンだ。

アーリマンは、善神が創造した天空、水、大地、植物、動物、人間からなる世界を破壊しようと常に行動している。その手段は、無秩序、死、病、罪などを持ちこむことによる。

また、アーリマンは実体をもっていない。逆にいえば、それだけ変幻自在、自由であるということになる。アーリマンは、あらゆる病の原因でもある。人間や動物の体内に入りこみ、病をもたらすからだ。

そのアーリマンには、アエーシュマ、ア

悪神アンラ・マンユ（マーリマン）を踏みつけるアフラ・マズダー。

ジ・ダハーカ、ナス、ドルジェといった魔族がつき従っている。

アエーシュマは人間世界に争いを持ちこみ、アジ・ダハーカはやがて世界の3分の1をむさぼり食うといわれた3つの頭をもつ悪竜、ナスは不潔なものにたかる蠅の化身であり、ドルジェも腐敗や伝染の化身とされる。

世界はこれらの魔族たちによって、堕落の道へと引きずりこまれている。現世は、こうした魔族が跋扈《ばっこ》し、わがもの顔で破壊を続けると定められた世界なのである。

それに対し、救世主サオシュヤントは、ゾロアスターの生誕後2000年目にしてようやく現れる。ここで善と悪の最後の戦いが始まるまで、悪魔の天下は続くのだ。

このように対立とはいうものの、ゾロアスター教の二元論では絶対的に善が上位にある。悪魔は、あくまでも時間限定の存在なのだ。

File 121

# インドの悪魔

## 天使の顔も併せもつ不思議な存在

ゾロアスター教の善神は、「アフラ・マズダー」といった。それに対し、インドの古代神話では魔神のことを「アスラ（阿修羅）」と呼ぶ。つまり、善神と魔神がひっくり返った関係にあるわけだ。

これはゾロアスター教における悪神アーリマンも同じで、その眷属《けんぞく》であるデーヴァが、インドでは善神とされている。

だが、その一方でインドでは、善神と悪神の激烈な戦いというものは想定されていない。もっといえば、宇宙はこの善と悪のふたつがあって成立しているのであり、どちらが欠けても成り立たない、としているのだ。

では、魔神や魔族がいるのはおかしいではないか、ということになる。しかし、インドにもやはり悪魔は現実にいる。なぜか？

もともとインドは、非アーリア民族が暮らしていた。そこをアーリア民族が征服したのである。その結果、きわめて単純に非アーリア民族の神がアスラ＝悪魔、アーリア民族の神がデーヴァ＝善神に分けられたのだ。

その後、時間とともに両者の区分は曖昧《あいまい》に

残忍凶暴な女神、カーリー。

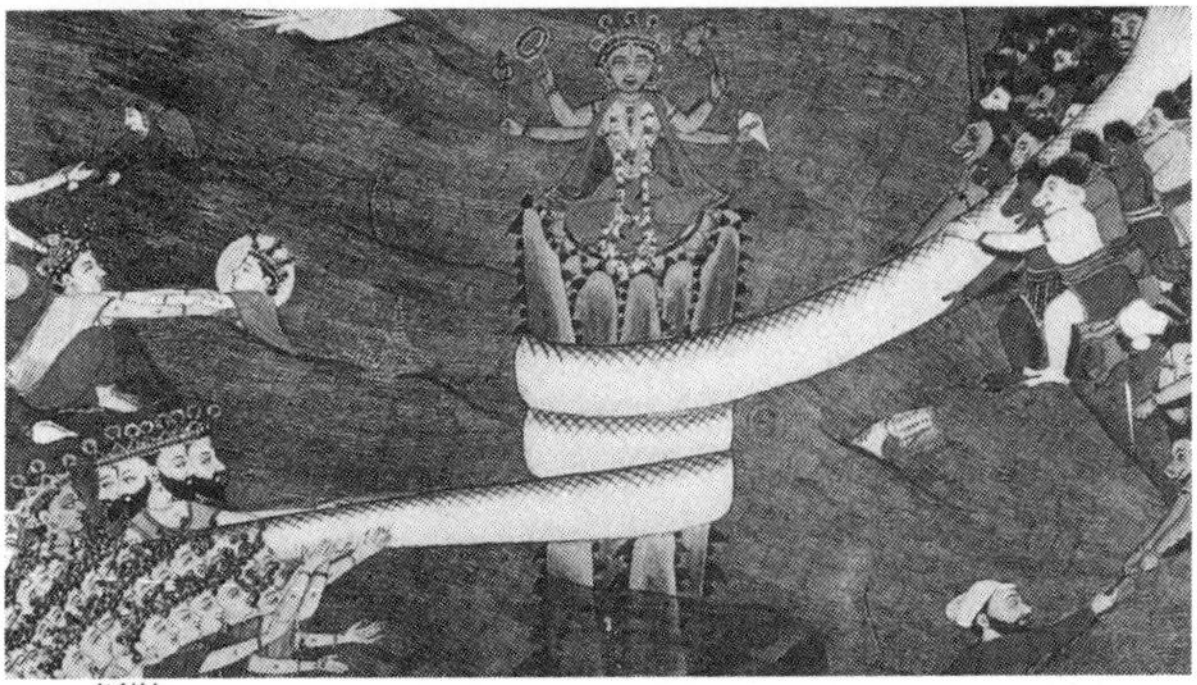

「乳海攪拌《かくはん》」で、神々とアスラがマンダラ山を引きあう。

なり、さまざまな神々が天使的な顔と悪魔的な顔を併せもつようになっていったが、それでも大ざっぱにいえば、この非アーリア民族系の神々が悪魔の立場にある、といっていい。

　たとえばヴリトラという「宇宙を閉塞させる悪竜」、ルドラという「死の神、雷雨と暴風の神、死肉食いの神」などがその代表的なものといえるだろう。

　ちなみに、現在のヒンドゥー教で、ヴィシュヌ神と並ぶ主神・シヴァ神も、もともとは非アーリア民族の神で、あらゆる悪魔的な要素を集大成した破壊神である、とされた。また、彼の妻であるカーリーも、残忍暴虐な鬼女として知られている。

　そのシヴァの恐ろしさは、神話に描かれた次の一文からもよくわかるだろう。

「彼（シヴァ）は、裸で髪を振りみだし、ひとつながりの頭蓋骨や人骨の飾りをつけている。もともと素性の知れない魔王の主なのだ！」

　ここには、アーリア民族から見た、別の民族の主神に対する畏《おそ》れや恐怖が見てとれる。しかしインドは、まぎれもなく、こうした善悪が混沌とする土壌のなかで、壮大で複雑な宗教的思想を育んできたのだ。

File 122

# 中国の悪魔

## 神も天使も悪魔も同じ存在？

ユダヤ教、キリスト教などの一神教や、ゾロアスター教のような対立する二元論の世界では、必然的に絶対善・絶対悪といった概念が生まれてくる。

しかも、絶対的な善神がいれば、その意志や行為からはみだすものはすべて悪であり、やがてはその存在そのものが否定されなければならなくなる。

しかし、多神教というものをベースにする地域では、こうした絶対的な善神や悪神という概念自体が存在しなくなる。わかりやすくいえば、キリスト教が主張するような絶対的な「悪魔」は、中国には存在しないのだ。

中国思想のベースは、陰陽の二元論にある。だがこれは、ゾロアスター教の二元論とは根本的に違う。陰と陽には善悪の区別はなく、単なる性質の違いと理解されるからである。

これに五行《ごぎょう》という思想が加わって構成される中国の一般的な宇宙観では、いわゆる「気がとどこおった」場所に、ゆがみや病が生まれる。こうしたことから、魔神や悪霊、妖怪

土地の精霊を描いた図。そこに善悪はない。

は、当然、存在するし、人間に悪さをすることもある。生きている人間に取り憑いて、殺してしまうこともあるし、悪の道に誘うこともある。

墓場の「キョンシー」などは映画でも有名だし、人間の臓器を土や木に変えて殺してしまう「地羊鬼《ちようき》」、人を病ませる「金華猫《きんかびょう》」、人

伝説的怪物の蚩尤《しゆう》。

をとり殺しながら財宝だけを増やしつづける「金蚕《きんさん》」、人をたぶらかす「聖姑姑《せいここ》」など、悪鬼を挙げていけばそれこそきりがない。

単純にその種類を数だけを挙げていけば、軽くヨーロッパ諸国全体のそれにも匹敵することだろう。

だが――繰り返しになるが、これらの悪鬼はどれも、絶対的な「悪」として行動しているわけではない。彼らが存在するのは、気がとどこおり、病んだからであり、気が清浄になれば、たちまち霧散してしまうのである。

そういう意味では、悪鬼はおろか、天使も神も、すべてが陰陽五行におけるひとつの気の形にすぎない。根本原理はここにあるのであって、善だとか悪だとかいうところにはまったく重きが置かれていないのである。

そう、中国では、神も天使も悪魔も人間も、本質的にはまったく同じ存在なのだ。

File 123

世界の破滅をもたらした悪神

# 北欧の悪魔

豊富な神話体系をもつ北欧は、キリスト教にとってはまさに悪魔の宝庫、といっていい。いうまでもなく、キリスト教伝播《でんぱ》前の土着宗教の神が豊富な地だからだ。だから、彼らは今は悪魔と呼ばれていても本質的には神だったことはすでにおわかりだろう。

では、本来の北欧神話のなかで、もともと悪魔とされていたのはどのような存在たちだったのだろうか。

現在のヨーロッパ人を構成するゲルマン民族の神話では、神はアース神族とヴァン神族に分類される。その場合、主神であるオーディンはアース神族になるが、だからといってヴァン族が悪魔の系統というわけではない。いってみればそれは、ふたつの対立系統であり、そのからみあいで世界が動くのだ。

だから、北欧神話において、もっとも悪魔的な要素をもっているロキも、オーディンのアース神族に属している。

ロキはもちろん神で、男女の両性を備えた美男子、しかもずる賢く邪悪な心をもち、仲間を裏切っても何とも思わなかった。

そしてあるとき、ロキはオーディンの息子である光の神、バルデールの殺害に手を貸す。

北欧神話のなかでは、もっとも悪魔的なロキの像。

北欧神話における神々の最終戦争を描いた絵。

それによって投獄されると、今度はデーモンや巨人族と組んでアース神族と戦争を始めるのだ。

神々の大戦争は、それは壮大ですさまじいものだった。天は裂け、地は揺れ、ロキの子である凶悪なフェンリルは、太陽と月を呑みこむ。やがてオーディンはフェンリルに殺され、フェンリルもオーディンの息子によって倒される。殺された大蛇ミズガルズがまき散らした猛毒で、人間の保護神であるトールも倒れ、世界中の大気と海が汚された。そしてロキもまた、命を落とすのである。

いわゆる「神々の黄昏《たそがれ》」と呼ばれるこの戦いは、こうして世界を滅ぼした。その後、星は落ち、大地は炎で焼けただれる。さらに大洪水で大地も沈む。

いっさいが消滅し、そこで新たな神と世界、そして人類が生まれたのだ。それが、現在のわれわれの世界であると、北欧神話は告げているのである。

# ジャージーデビル

アメリカのニュージャージー州で、かなり古い時代から目撃されている怪物がいる。「ジャージーデビル」と呼ばれ、「リーズ・ポイントの悪魔」とか「リーズ家の悪魔」と呼ばれることもある。

目撃者によれば、体長は１〜１・８メートル。馬や羊、鹿に似た顔に、真っ赤な目。黒い毛で覆われた体で、背中にはコウモリのような翼がある。もちろんこの翼で空を飛び、人々に恐怖を振りまくのだ。

この怪物の出自には、こんな話がある。

１８世紀、ニュージャージー州南部にあるリーズ家で、１３番めの子の出産があった。それが大変な難産だったので、母親は冗談交じりに「こんなに苦しいなら、悪魔が生まれてくればいい」といった。すると生まれた子供は母親の腕のなかでいきなり怪物に変身し、天井を突き破って飛び去ってしまったのである。冒頭の「リーズ家の悪魔」とは、この出来事を意味しているわけだ。

もちろんこんな話を、そのまま信じるわけにはいかない。一説には、リーズ家の子供が森で見つけた奇妙な卵から怪物が生まれたのではないか、という話もある。その場合、ジャージーデビルは完全な未知生物か、ＵＦＯなどに乗ってやってきた異星人（エイリアンアニマル）ということになるだろう。

あるいはそれを、たまたま白亜紀の翼竜アンハングエラの生き残りを発見したのではないか、という説もある。いずれにせよ悪魔的な怪物だ。

ジャージーデビルの目撃証言に基づいて描かれたイラスト。

# 第8章

† Chpter 8　The Satanism & the Exorcism

# 悪魔礼讃とエクソシスト

File 124

# 悪魔礼拝

## キリスト教的なものを嘲笑する呪いの儀式《サバト》とは!?

悪魔が実在するか否か、それは誰にもわからない。だが古来、人々はその魅力にとり憑かれてか、あるいは悪魔の誘惑にそそのかされてか、この現実の世界に悪魔を呼びだそうと試みてきた。ときには迷信として、ときには高度な魔術として。こうした悪魔礼拝者たちの集まりがサバトである。

サバトとは悪魔や魔法使い、次章で紹介する魔女たちが開く集会、宴のことである。もちろん、ただの宴会ではなく、彼らにとって永遠の敵である「キリスト教的なもの」を笑い、嘲《あざけ》り、呪《のろ》い、悪魔を礼讃するという側面が重要であることはいうまでもない。

サバトの会場は、主に十字路か人気のない「荒れた」場所が好ましいとされた。

サバトに参加する魔女たちは、体に1か所、悪魔の烙印《らくいん》を押され、そこはまったく痛みを感じなくなるという。この烙印は、小さな三日月形か、獣の爪の形、もしくは二股に分かれた角の形をしている。そのため、後の魔女裁判では、裁判官は検査のためにそこに長い針を突き刺したと伝えられている。

実はこの刻印は、サバトの集合時間を知らせる合図にもなっているという。

時間になると、魔法使いは眠るか、目を閉じる。そして、杖か箒《ほうき》の柄にまたがり、出発するのである。そう、サバトへは、必ず空を飛んでいかなければならない、という決まりがあるのだ。

サバトでは、主催者であるサバトの総帥、

レオナールに敬意を表する。この悪魔は玉座にどっかりと座り、3本の角をもつ大山羊の姿で、真ん中の角からは光を発して会場を照らしだしている。

宴のテーブルでは、魔法使いと悪魔がペアで座る。卓上には当然、豪華なごちそうが並ぶわけだが、多くの場合「出されるのはヒキガエルや洗礼を受けていない幼児の肉など、おぞましいものばかり。悪魔のパンは蕎麦粉《そばこ》でできている」という話もある。

そしてその後は、一番鶏が鳴くまで、おのおのが好きなレクリエーションをして楽しむ。もちろん、黒ミサや呪いの儀式、性魔術なども……。

こうした描写には、体制側が異端廃絶のためにでっちあげた虚構も混じっているだろう。

だが、妄想が妄想を生みだし、現実に悲惨でおぞましい事件が引き起こされてきたことも忘れてはならない。本章では、悪魔との遭遇、人間による悪魔的な所業、人間と悪魔との戦いを見ていくことにしよう。

山羊を中心とした呪いの儀式サバト（ゴヤ画）。

File 125

宗教改革者を悩ませた悪魔の幻影

# ルターにとり憑いた悪魔

ドイツの宗教学者マルティン・ルターといえば、宗教改革で有名な人物。だが彼は、その生涯において常に、悪魔にとり憑かれるという幻影に悩まされつづけたという。自分がサタンに目をつけられている、と信じて疑わなかったのである。

そんな彼にとっては、落雷でさえも、悪魔による攻撃にほかならなかった。それどころか修道院にあっても、どこからか悪魔の視線を感じずにはいられなかったのだという。

また、ルターは悪魔と対峙し、論争をすることもあった。悪魔の言い分は、「お前は大罪人だ」ということだった。キリスト教では、人間の原点はアダムとイブ以来の「原罪」にある。宗教改革者のルターとはいえ、まともな反論はできなかったのか、苦し紛れに、「能なしのサタンめ、もっと目新しいことはいえないのか！」といい放つしかなかったようだ。

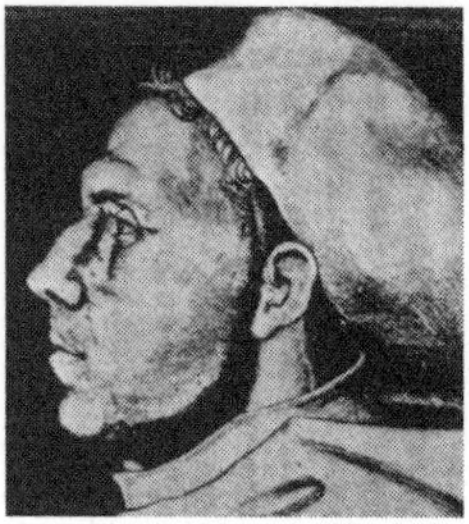
マルティン・ルター。

また、ザクセンにあるヴァルトブルク城にいたときのことだ。ここでも、悪魔はルターの眼前に現れた。そして、木の実を投げつけたり、樽《たる》を階段から転がしたりしたのである。論争のみならず、物理的な攻撃をされたルターは、とっさに近くにあったインク壺をつかむと、悪魔の頭をめがけて投げつけたのだ。

ちなみにそのインクの染みは、今でもヴァルトブルク城の壁に残されているという。

File 126

72の悪魔を封じた天才魔術士

# ソロモン王の悪魔召喚

古代イスラエルの王、ソロモンは、神から知恵の指輪を授かり、ユダヤ教の秘儀カバラを駆使。さらに、多くの天使や、悪魔を召喚して使役したとされている。

一説には、エルサレム神殿の建立の際も、悪魔が大いにその力を発揮したという。

しかしその一方で、悪魔たちの力と尊大さは、いつか必ず人間に危害を加えるに違いないと感じたソロモン王は、悪魔たちを真鍮《しんちゅう》の容器（壺）に封じこめ、深い湖の底に沈めてしまうのだ。

ところが後の時代になると、バビロニア人たちが、財宝を期待して容器を叩きこわしてしまうのである。もちろん、なかから出てきたのは悪魔たちだけだった。

いってみれば、悪魔版、パンドラの箱というわけだ。

この容器のなかには、計72の悪魔がいたが、そのうち、もっとも強大なのはベリアルであるとされる。

本書の悪魔紹介で、「ソロモン王の72の悪魔」と書かれている場合、それはまさにこの容器から飛びだした悪魔なのである。

ソロモン王の前に現れたベリアル。ここで王に悪魔の名前をすべて教えた。

File 127

ルネサンス、自然魔術の大家は悪魔使いだったのか?

# アグリッパの悪魔召喚

15世紀末、ドイツにコルネリウス・アグリッパという医者や哲学教授を務める万能の天才がいた。自然魔術を体系化するなど、悪魔研究に多大な貢献をした人物でもある。

彼には、実際に悪魔召喚を行っていたとされるエピソードが残されている——。

彼が外出中のあるとき、家に下宿していた学生が、アグリッパの仕事部屋に忍びこんだ。実は、それ以前にアグリッパが悪魔を呼びだし、使役するのを何度か目撃していたのだ。

アグリッパ。

自分も悪魔を使ってみたいと思った学生は部屋を物色し、テーブル上で一冊の魔法書を発見する。そこに書かれている呪文を口にしてみると、目の前に悪魔が現れでた。

「なぜ、おれを呼びだしたのだ?」

恐ろしい声で悪魔が質問する。学生が黙りこんでしまうと、悪魔は学生の喉元をつかみ、そのまま彼を締め殺してしまった。

帰宅後、死体を見たアグリッパ。この惨状が発見されれば、自分が殺人犯にされてしまう。そう思い、悪魔を呼びだして命令した。

「短時間でいいから、学生を生き返らせろ!」

生き返った学生は街へ出かけていくと、突然倒れ、そこで死んだ。危機を脱したかに見えたが、検死の結果、絞殺であることが判明。こうしてアグリッパは、その街から逃げださなければならなくなってしまったのである。

File 128

砂漠で悪魔の誘惑に苦しんだ聖人

# 聖アントニウスの誘惑

神に近い存在の聖人と称《たた》えられる人物でも、ふとした心の隙が生まれることがある。そして悪魔は、まさにその瞬間を狙い、誘惑の罠《わな》をはってくる。

西方ラテン教会の四大博士のひとりにも数えられる聖アントニウスが、シリアの砂漠で修行をしていたときのことだ。

あまりにもつらく厳しい修行で、いつしか彼の体は、骨と皮だけになってしまった。そんななか、彼は情欲に苦しみ、若い娘たちに囲まれた夢をしばしば見るようになる。

すると、まさに千載一遇《せんざいいちぐう》のチャンスとばかり、悪魔が若い娘たちに化けて、聖アントニウスの眼前に現れたのだ。

彼女たちは、音楽にあわせてなまめかしく踊り、彼を誘惑しようとした。とくに音楽には誘惑的な効果があるので、彼の心はたちまち激しく揺れた。

このとき聖アントニウスは、情欲がわきあがる自分の情けなさに涙しながらも、石を拾って自分の胸を叩き、窮地《きゅうち》を逃れたという。

聖アントニウスの幻視。

File 129

第三帝国を築いた魔術師の正体は?

# ヒトラーのデーモン

20世紀初頭のナチス・ドイツ、その総裁のアドルフ・ヒトラーといえば、オカルティズムに激しく傾倒したことで知られている。いや、そもそも彼自身、かなり悪魔的な魅力をもつ人物だった。

なにしろヒトラーと会った人間は、誰もがたちまち魅了されてしまったということはよく知られている。それも、トップレベルの学識、経験、批判力、判断力を備えた知的エリートたちが、こぞって彼の虜《とりこ》になり、傑出した天才だと確信してしまうのだ。そしてその理由は、まさに悪魔の力にあったというのである!

実際のところ、ヘルマン・ラウシュニングが著した『ヒトラーとの対話』には、その魅力の源泉について、こんな記述がある。それは「ヒトラーの内部に入りこむ、本物のデーモン的な力」であると。

これを裏づけるのが、ヒトラーの夜ごとの不審な行動である。極度な不眠に悩まされていたヒトラーは、しばしば体をぐらつかせながら周囲を凶暴な目で見回し、こう叫んだといわれている。

「あいつだ! あいつだ! あいつがずっとここにいたのだ!」

あいつとは何か? もはや真相は誰にもわからない。

だが、オカルティズムに精通し、超古代文明の遺産を捜し、さらには地球内部にある空洞世界の探索さえ夢見たというヒトラーのことである。当然、悪魔召喚についても深い造詣があったことだろう。

いや、もしかするとヒトラーは、ひそかに悪魔召喚に成功していた可能性もある。たとえば彼の不眠の原因についてだが、「単なる過度の精神的緊張の結果以上のもの」であったという。つまり、彼の精神は、ひどく緊張し、疲弊しているというレベルを超え、極限状態にまで達していたのだ。

その原因が、彼の心のなかに棲みついた悪魔にあった、というのはやはり説得力がある。そしてそう考えるとき、ヒトラーが行った歴史に汚名を残す数々の蛮行もまた、納得できる部分があるとはいえまいか。

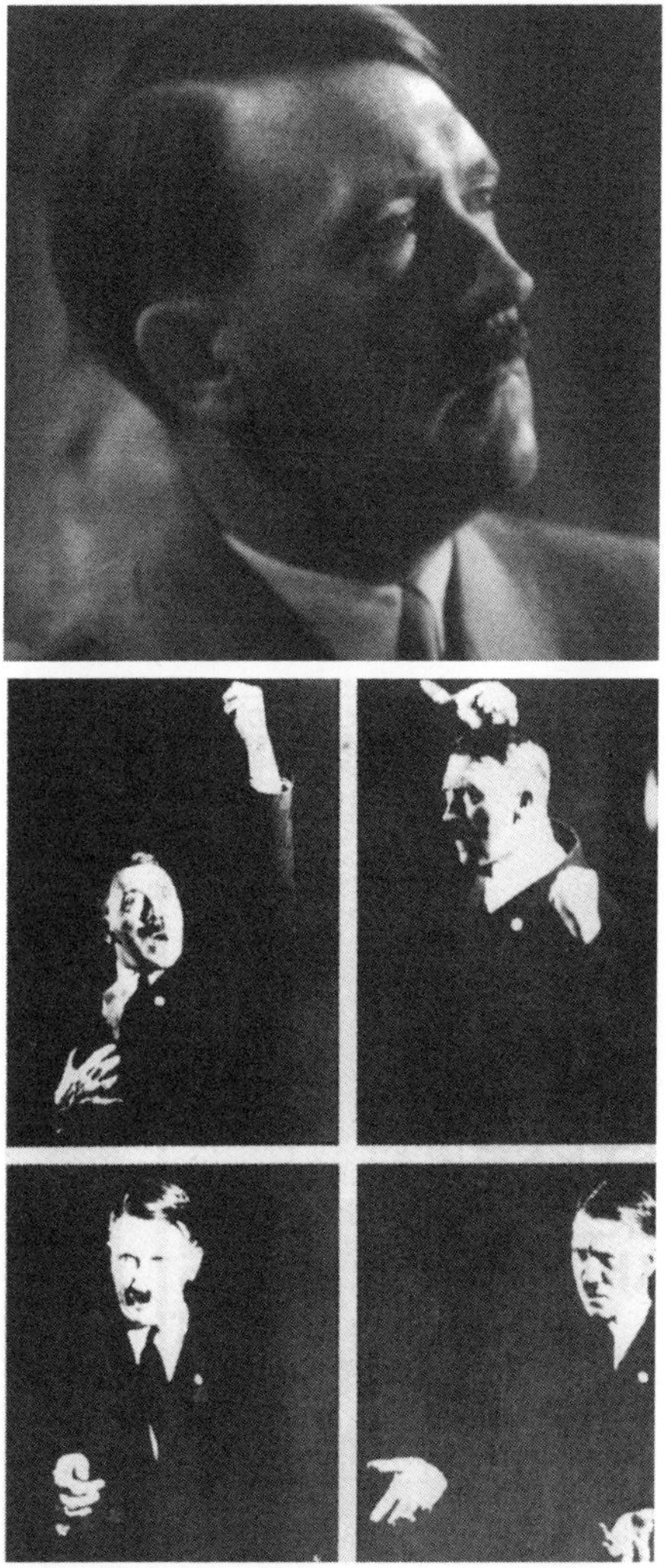

腕や指先まで使って演説するヒトラー。その言動こそが呪文そのものであり、大衆は心酔してしまった。

File 130

# ラヴェイの悪魔教会

## クロウリー魔術を大衆化させた宗教組織

20世紀後半、第2次世界大戦後になると、アメリカで数多くの悪魔崇拝者《サタニスト》が活動するようになる。なかでも悪魔理論とその実践という意味で最大の力をもったのが、アントン・ラヴェイだ。

ラヴェイは、20世紀最大の魔術師と呼ばれたアレイスター・クロウリーの強い影響のもと、１９６６年に悪魔《サタン》教会を設立する。

彼の「戦略」の巧妙さは、徹底的なマスコミの利用にあったといわれている。

まず、教会設立直後、教会のメンバーでジャーナリストの男性と、ニューヨーク社交界の花形女性が、黒ミサによる結婚式を挙げた。もちろん、仕切ったのはラヴェイである。

その4か月後には自分の娘に悪魔の洗礼を授け、さらに半年後、信者だった海軍兵が事故死すると、黒衣の魔女や魔術師とともに、ラヴェイによる悪魔の葬式が行われる。

これらの儀式はすべて、マスコミを通じて報道され、世界中で大騒ぎとなった。なかでも悪魔の葬式は、海軍兵の知人や友人であるアメリカ海軍の兵士が正装で並ぶなか、異形の集団がその中心となっていたのだから、インパクトは大きかった。

悪魔崇拝のロック・グループが強い影響を受けた『悪魔の聖書』。

こうして名前を売ったラヴェイは、１９６９年になると『悪魔の聖書』を出版。信じられないことではあるが、全米をはじめ世界中で１００万部を越えるベストセラーになる。

魔女狩り、異端審問が行われていた中世と違い、民主主義のアメリカでは、こうした行為は奇異にこそ見えるものの、弾劾《だんがい》される理由もない。逆にいえば、現代社会だからこそ成り立った組織だともいえた。

アントン・ラヴェイ（©AP Images）。

とはいえ、悪魔と犯罪という要素は、ラヴェイにとっても大きな問題だったようだ。彼は、サタン教会を社会に認知させるために、犯罪的な行為を徹底的に排除する。

そしてついにサタン教会は、宗教法人として認可されるに至るのだ。

ラヴェイのサタン教会は、今日でもその活動を続けている。信者には、数多くの有名人もいた。前代未聞の殺人事件の首謀者チャールズ・マンソン、マリリン・モンロー、ジェーン・マンスフィールド、サミー・デイビス・ジュニアなど。

一説によると、その規模は世界13か国20万人。アントン・ラヴェイは、１９９７年に67歳で死亡しており、彼の邪悪な思想は後継者に受け継がれた。もしかするとあなたの隣にも、信者はいるかもしれない。

File 131

ニューヨークを震撼させた凶悪サタニズム事件

# シャロン・テート事件

「悪魔がとり憑いた」ことを理由にした殺人事件は、世界各地でしばしば発生する。

　被害者に悪魔がとり憑いたため、追いだそうとしたら死んでしまった――日本のキツネ憑きなどにも見られる、一種の集団ヒステリー状態ともいえる殺人事件だ。逆に、悪魔の命令によって他者の命を奪う、という事件もある。

　いずれにせよ、こうしたサタニズム殺人事件は、現在もアメリカで年に平均15件ほど発生しているのだという。

　なかでも「サタニズム元年」と呼ばれ、世界を恐怖のどん底に陥れた事件として有名なのが、1969年に起こった「シャロン・テート殺害事件」である。

シャロン・マリー・テートはアメリカの女優で、映画監督のロマン・ポランスキーと結婚。当時は妊娠8か月の身重だった。

　にもかかわらず、自宅に居合わせた男友達4人とともに、チャールズ・マンソンの信奉者である「ファミリー」のメンバーたちによって惨殺されてしまうのだ。

惨殺された女優のシャロン・テート。

その殺害方法は残忍をきわめ、屋敷のあちらこちらには遺体の断片がまき散らかされていたという。

実は彼女の夫であるポランスキーの映画作品『ローズマリーの赤ちゃん』には、あのサタン教会のアントン・ラヴェイが出演していた。また、事件のリーダーであるマンソンは、その悪魔教会の教えに心酔していたのである。

さらに、1969年といえば、ラヴェイの筆による『悪魔の聖書』が大ベストセラーになった年でもある。当然、この本も熱心に読みこんだことだろう。

ただし、マンソンの殺人は、必ずしも悪魔教会の教えによるものではなかったようだ。

マンソンは家出少女を集めて、「ファミリー」として集団生活を行っていた。そこで、『聖書』を悪魔的に解釈し、女性は罪人であると思いこんでいたという。

その結果、残忍な殺人事件を計画し、メンバーに実行させていたのである。

シャロン・テート殺害事件でも、彼は自ら は手を下していない。実行犯は、ファミリーの女性だった。そういう意味では、マンソンこそ悪魔であり、彼の言葉がまさしく「悪魔の囁《ささや》き」だったのかもしれない。

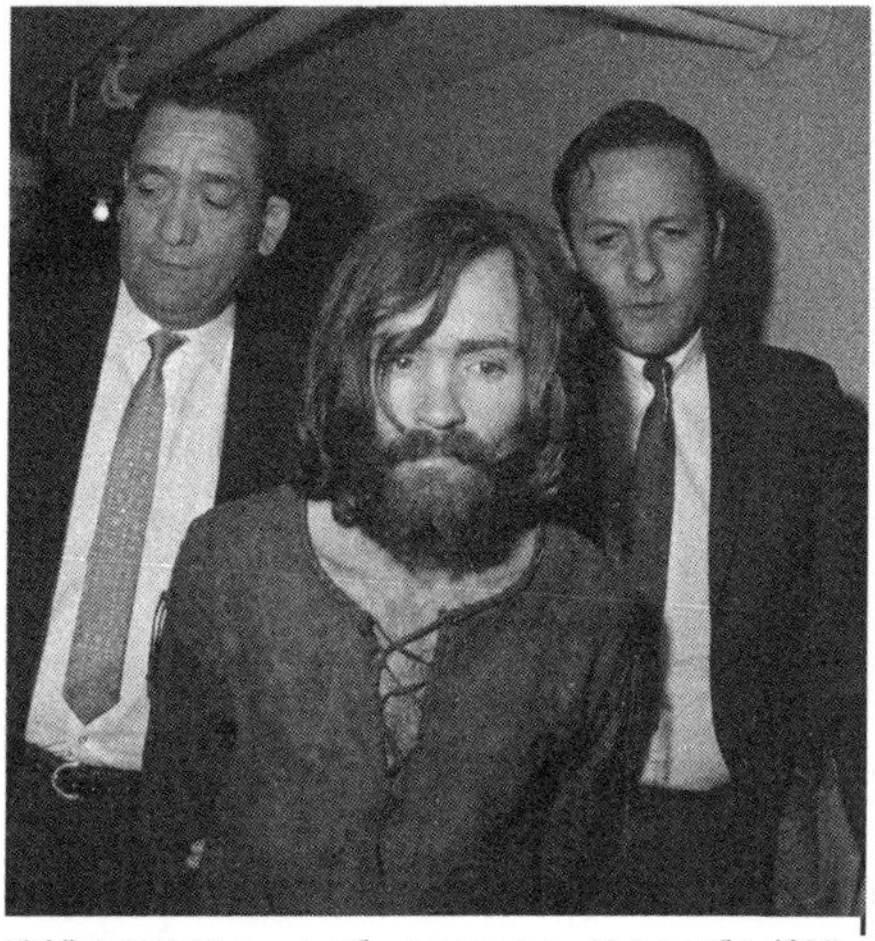

逮捕されるチャールズ・マンソン。サタニズム教団「ファミリー」の主宰者だった（©AP Images）。

File 132

残虐なサタニズム殺人

# バーコビッツ事件

別名「サムの息子」と呼ばれた連続殺人犯、デヴィッド・バーコビッツ。

1976年、彼は被害者の頭に弾丸を撃ちこむという手口で、連続無差別殺人事件を起こす。被害は、6人が死亡、ひとりは全身麻痺の後遺症が残り、ひとりは失明。そしてそれ以外の7人にも怪我を負わせている。

これほどの大事件である。全米が、彼の動機に注目した。しかし彼は、こんな驚くべき証言を行ったのだ。

「自分が犯した殺人は、すべて命令されてやったものだ。それは、隣の家に住むサム・カーが仕えている悪霊、『コズモ将軍』である。自分はこの『コズモ将軍』の命令に従っただけなのだ」

ちなみに、「コズモ将軍」というのは、サムが飼っていたイヌ、ペットの名前だった。はたしてこれは、彼の言いのがれにすぎないのか？　それとも、本当に悪霊がイヌの姿で存在して、世間の騒ぎをほくそ笑んでいるのか？　真相は誰にもわからないのである。

凶悪な連続殺人犯バーコビッツ（©AP Images）。

File 133

カトリック大国で行われていた悪魔崇拝

# ヴァチカン「悪魔の事件」

キリスト教、カトリックの総本山ヴァチカンのあるイタリア。まさに「神の国家」であるはずのこの国のお膝元で、まさか「悪魔の事件」が発生するとは……！

１９９０年の春、北イタリアの森で、身元不明の男性の遺体が発見された。彼の首は切断され、舌も引きぬかれていた。そして近くの塀《へい》には、反キリストを賛美する言葉が記されていたのだ。ちなみにこの森は、しばしば黒ミサが目撃されることで有名だったという。

さらに１９９２年、今度はローマ郊外の病院で、看護士が4人の患者に筋《きん》弛《し》緩剤《かんざい》を注射し、殺すという事件を起こしている。犯人は「死者の魂を悪魔に捧げた」と証言。悪魔崇拝の根深さを感じさせる事件だった。

そして１９９４年、今度はカラブリアで生後2か月の赤ちゃんが、親戚から悪魔祓いの儀式を受け、撲殺されている。

儀式に参加したのは8人。赤ちゃんはこの8人の大人から、48時間にわたって叩かれつづけたのだという。

それは神の国家でもおかまいなしに起きたいたましい事件だった。

File 134

悪魔憑きを見抜くための重要ポイント

# 悪魔憑きの兆候

悪魔が憑いた人間を見分けるにはどうすればいいのか？　ここでは、身体的に発生する悪魔憑きの特徴を紹介していくことにする。

最初に気がつくのは、顔や体がゆがんだり、ひきつったり、ねじれたり、硬直したりする、ということだ。あるいは顔や頭、体をかきむしったり、泡を吹いたりもする。

これらは現在ではヒステリー症状の一種と見られているが、昔から悪魔憑きの兆候と見なされた最重要ポイントなのである。

次に、さまざまなものを吐きだす、という現象がある。

たとえば1566年にアムステルダムの孤児院で30人の少年が悪魔祓いを受けたときには、針、布切れ、陶器のかけら、毛髪、ガラスなどが吐瀉《としゃ》されている。さらに、1571年にルーヴェンで悪魔に憑かれた少女は、大量の毛髪と鳥の糞のようなもの、木片、羊皮紙のような川、そして大量の石ころを吐きだしているのだ。

身体的な変化としては、声が変化することも挙げられる。

映画などでは、悪魔に憑かれた子供が野太い男の声で叫ぶシーンがよく登場するが、まさにアレだ。また、人間の言葉は話さず、動物の唸り声をあげるケースもある。

さらに、肉体的な変化も忘れてはならない。小柄な女性が異常なほどの怪力で暴れまわり、大人の男性数人がかりでも押さえつけることができない、といった状況は、まさにこのケースにあたるし、何日も眠らず、食事も摂《と》らないで平然としていることもある。

ここから先は、いかにも「悪魔的」な特徴になる。

それは、十字架や聖水、キリストの聖遺物などに激しく反応し、怒り、恐れ、拒絶することだ。ある意味ではこれこそが、悪魔憑きの兆候のもっとも重要なものといえるだろう。

また、卑猥《ひわい》な言葉を連発したり、異様に性交渉を求めたりするケースも注意が必要だ。これは、それまでの性的抑圧が、悪魔によって突然はずされ、弾《はじ》けてでてきたものだからである。

最終段階になると、さまざまな超常現象も発生する。「異言《いげん》」のように、本人も知らない外国の言葉を話しだしたり、周囲の家具が突然、動きはじめたり、場合によっては本人が宙に浮いてしまうことさえある。

さすがにここまでくれば、もはや誰も悪魔憑きを疑うことなどできない。願わくば、その前に発見・対処することが望ましいのだ。

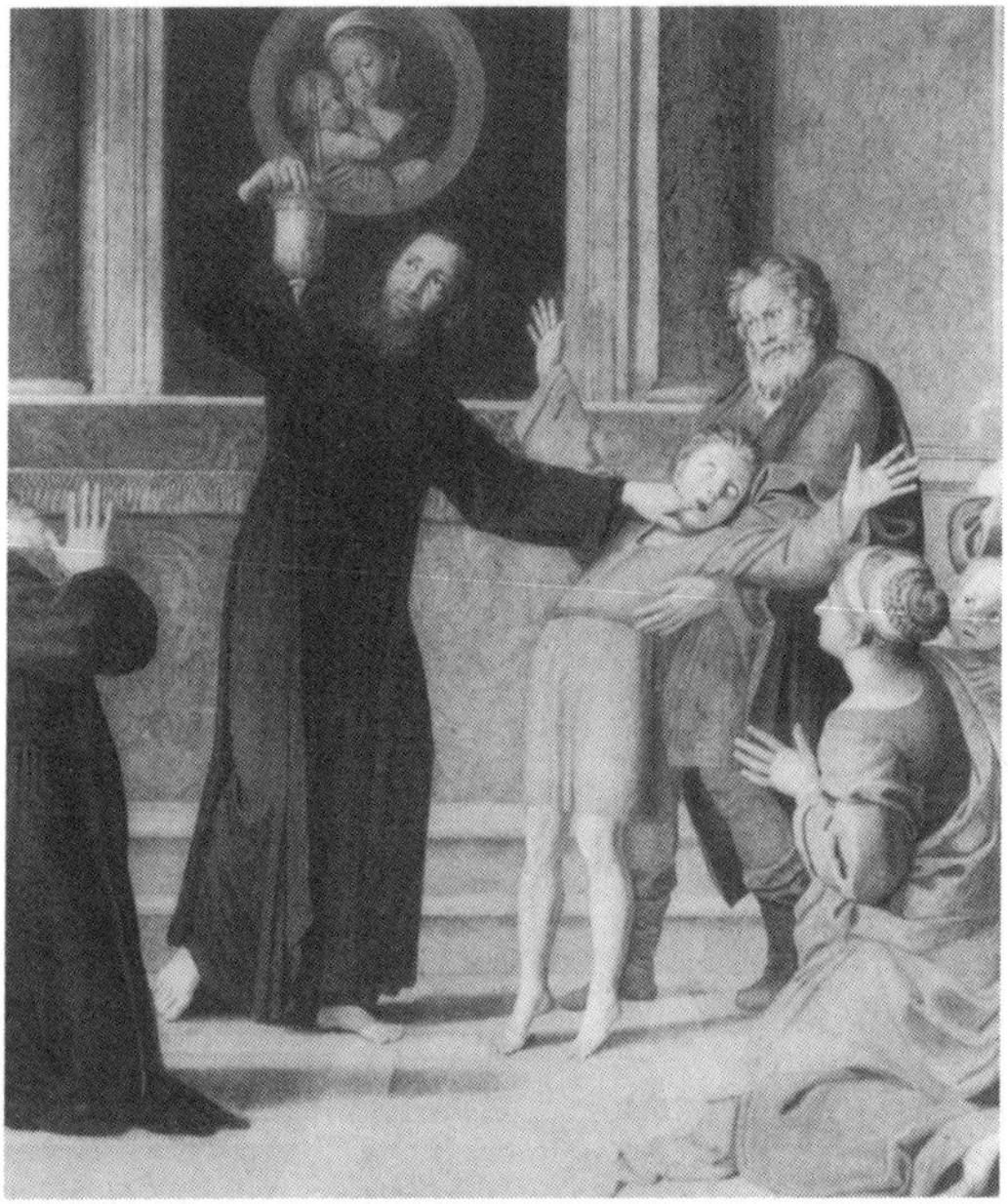

悪魔祓いで、聖水をかけようとする聖ニロ。

File 135

映画の悪魔祓いは正式なカトリックの儀式だった！

# エクソシズムの式次第

映画『エクソシスト』で知られる悪魔祓いの儀式。映画のなかにおける作りごとかと思われるかもしれないが、そうではない。今なお、カトリック教会のなかで、古い伝統にのっとりながら行われている本物の儀式だ。

その儀式の次第は、きっちりと決められている。17世紀初頭に著された『祓魔法典《ふつま》』をもとに、『ローマ教会典礼定式書』という形でまとめられているからだ。以下に、悪魔祓いの儀式の流れをごく簡単に紹介しよう。

①本当に悪魔憑きなのか、それとも精神的な病気なのかを確認する。

②『旧約聖書』の「詩篇」54篇を読み、神の加護を祈り、また神への感謝を捧げる。

③神の恩寵《おんちょう》を嘆願する誓言。ついで悪霊に退散勧告を行う。

④「福音書」を読みあげる（『新約聖書』の「ヨハネ福音書」1章4節、あるいは「マルコ福音書」16章、「ルカ福音書」10、11章）。

⑤祈りを捧げ、十字架の印《いん》で防御。

⑥悪魔祓いの詞を唱える。

「我、汝《なんじ》を祓う、汝、最も下劣なる霊よ……イエス・キリストの御名《みな》によりて、これなる神の被造物より出でて去り行くべし……」

悪魔を祓う司祭の祭服の例。右手にもったストーラを寄主《よりぬし》の首にかけ、式を始める。

⑦悪魔が出てきたら、尋問を行う。確認するのは悪魔の名前、やってきた場所、憑依した理由、憑依の期間など細部にわたる。

ただし、悪魔は基本的に嘘つきなので、まず本当のことはいわないと考えたほうがいい。

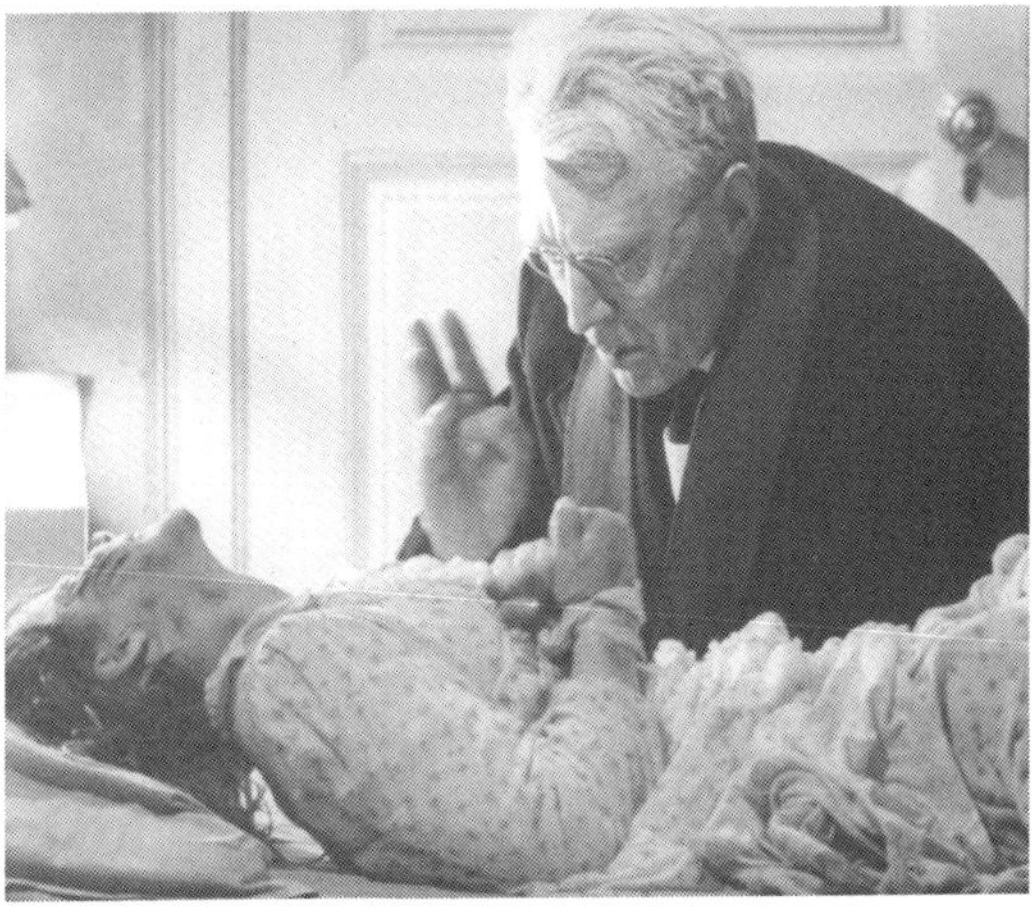

映画『エクソシスト』の悪魔祓いの様子。ストーラを首にかけ、聖水を寄主に振りかける。儀式は忠実に再現された（©PPS）。

そのために尋問は、『聖書』の言葉と祈り、厳しい口調による命令を繰り返しながら、何回も根気よく行われる。

また、１体ではなく複数の悪魔がひとりの寄主《よりぬし》に憑くことも珍しくない。１５８３年にウィーンで行われた悪魔祓いのケースでは、８週間に１万２６５２匹の蝿の姿をした悪魔を祓ったという記録もある。

悪魔祓いの期間についても、１晩でどうにかなるものではない。10年以上も悪魔が居座りつづける場合があり、悪魔が降参して確実に退散するまで、何年でも祈りと尋問が繰り返されるという。

ちなみに、キリスト教では、父と子と聖霊以外の他宗教の神をすべて魔の眷属《けんぞく》と見なす。つまり、それ以外の宗教が奉じる神仏との交流や託宣などの宗教現象は、すべて悪魔憑き現象と見なされてしまうのだ。

File 136

# ピオ神父と悪魔の戦い

## 聖痕体現者を生涯にわたって襲いつづけた悪魔の執拗な攻撃とは？

1999年に列福されたイタリアの聖者ピオ神父。彼は20世紀という時代を生きたにもかかわらず、生涯を通じて悪魔と戦いつづけた人物である。

ピオ神父への悪魔の攻撃は、彼が80代になるまで続けられたといわれているが、なかでももっとも激しかったのが、1910年から1918年までの8年間だった。ごく一例ではあるが、紹介してみよう。

1912年6月、醜い顔をした悪魔が現れ、午後10時から翌朝の5時まで、ひたすらピオ神父を殴りつづけるという事件が起こる。このときの暴力は壮絶で、悪魔は彼を床に投げつけ、枕や本、椅子を放りなげたという。

また、この年の10月に現れた悪魔は、暴力では彼を説得できないと感じたのか、狡猾《こうかつ》な提案をしてきた。

「お前は、お前の霊父（宗教上の父、師）と縁を切るべきだ。そうすればきっと、イエスも喜ぶことだろう。そもそも霊父は、お前にとって非常に危険な人間で、大いにお前を惑わす元凶なのだぞ」

だが神父は、次のように対応する。

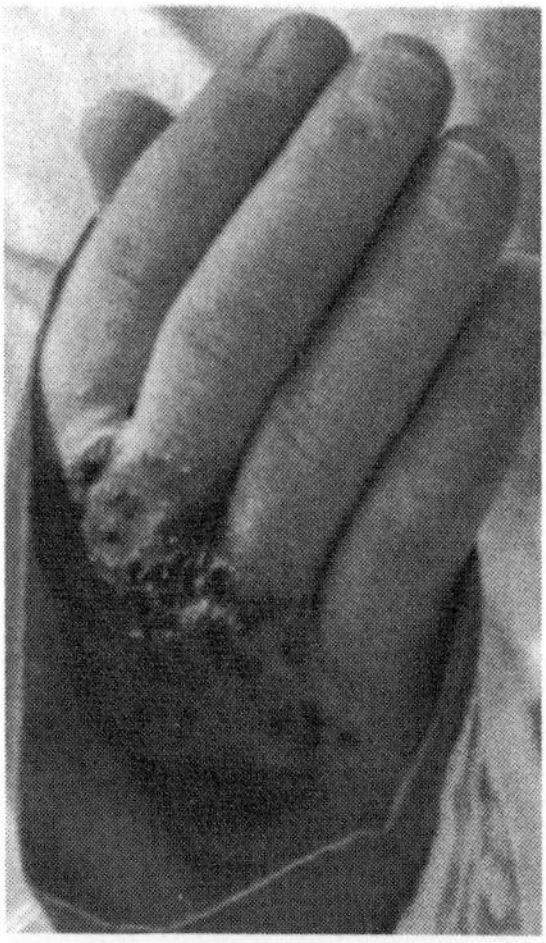

ピオ神父の手の甲に見られる聖痕。

悪魔と戦いつづけた生前のピオ神父。

「今まで私は、悪魔は頭がいいものだと思っていた。だが、実際には私の霊父ほどには賢くはないのだな」

これに激怒した悪魔は、一転してその凶悪な正体を現し、霊父との関係を切らなければ殺す、と脅迫してきたという。

念のために書いておくが、もちろんピオ神父は、ただ悪魔の攻撃にじっと耐えつづけていたわけではない。神父自身、エクソシストとして悪魔と積極的に戦い、たくさんの悪魔を祓っているのだ。

また、その一方でピオ神父は、体にいくつもの聖痕《せいこん》が現れたことでも知られている。キリストが磔刑《たっけい》に処されたとき、釘を打たれた場所（手のひらや足の甲）に、キリストが受けたのと同じ「傷」が現れるこの現象は、まさに〝キリストの奇跡〟とされるものだ。

もしかすると悪魔は、こうした神父のエクソシストとしての資質、キリストと通じた魂を見抜き、それを断ち切ろうとして執拗《しつよう》な攻撃を繰り返したのかもしれない。

File 137

悪魔に美少年の生き血を捧げた倒錯男爵

# 青髭ジル・ド・レイ

「青髭《あおひげ》」という物語がある。シャルル・ペローによって書かれた話で、初期のグリム童話にも見ることができる。

簡単にいえば――青い髭をはやした金持ちの男・青髭が、ある美人姉妹に求婚。妹と結婚する。彼は妻に「金の鍵の部屋にだけは絶対に入ってはいけない」という。妻がその部屋の鍵を開けると、なかには先妻の死体が横たわっていた。彼女も殺されそうになるが、兄によって救出され、青髭の遺産を手に入れて金持ちになる――というものだ。

実はこの話には、モデルが実在するといわれている。15世紀にフランスのブルターニュ地方ナントで生まれた貴族、ジル・ド・レイだ。彼は後に軍人となり、百年戦争ではあのジャンヌ・ダルクとともに戦っている。そのため、「救国の英雄」とまで呼ばれていた。

ところがその後、彼はどうやら精神を病んでしまったらしい。きっかけとなったのは、ジャンヌ・ダルクが火あぶりになったことだともいわれているが、詳細はわからない。

刑場に到着したジル・ド・レイ。

ただ、それからというもの彼は、湯水のように手持ちの財産を浪費し、さらには錬金術や黒魔術にはまっていくのだ。

もちろんこれだけならまだよかった。

やがて——あろうことか手下を使い、多くの少年たちを拉致、居城内での虐殺を続けていくのである。理由は、倒錯した性的趣向というしかない。まさに自らの欲望のために、数々の若い命を奪ったのだ。

なにしろ犠牲者の数は、150人とも1500人ともいわれる。

やがて、政敵の監禁事件を期に捕らえられ、残虐な行為が発覚する。

その一部始終は公開裁判で明らかになり、ジル・ド・レイは泣きながら懺悔《ざんげ》したという。こうして彼は絞首刑となり、さらに死体は燃やされ、この世から消え去ったのだ。

すでにおわかりのように、青髭伝説では、妻の殺害がテーマだった。それに対し、ジル・ド・レイはもっぱら美少年の殺害である。

ジル・ド・レイの肖像画。

そのため、ジル・ド・レイがモデルであることに異を唱える人もいる。だが、ジル・ド・レイの出身地であるフランス西部では、「ジル・ド・レイ=青髭」説は、疑うべくもない常識になっているという。

File 138

# ヴラド・ツェペシュ

『吸血鬼ドラキュラ』のモデル、血塗られたルーマニアの悪魔公

アイルランド人の作家、ブラム・ストーカーが生みだした小説『吸血鬼ドラキュラ』。その主人公はいうまでもなく、人間の生き血をすする吸血鬼だ。

このドラキュラのモデルとして有名なのが、15世紀にルーマニア、トランシルバニア地方で生まれたワラキア公ヴラド3世、ヴラド・ツェペシュである。

このツェペシュというのは「串刺し」という意味をもっている。要するに「串刺し公」という意味のニックネームだ。そして存命時は、「ヴラド3世」という名前よりも、「ドラキュラ」という名前を盛んに使っていたといわれている。もちろんそのころの「ドラキュラ」には、「吸血鬼」というニュアンスなど微塵《みじん》もなかったわけだが。

ともあれ、問題はこの「串刺し公」という穏やかではないニックネームだ。

ドラキュラのモデル、ヴラド・ツェペシュ。

当時のルーマニアは、オスマン帝国との戦いの最中にあり、ヴラド3世は勇猛な英雄とされていた。

ところが彼の場合、ただ単に勇猛なだけでなく、自分の領内の住人でさえ、反逆者には厳しい態度であたったといわれている。つまり、敵であるオスマン・トルコの兵を捕らえ、串刺しの刑に処したのはもちろんだが、自国の民もまた同じように、次々と処刑したといわれているのだ。

なかでも当時、異常だと思われたのが、自国の貴族への串刺し刑だった。要するに、特権階級であっても容赦をしない。当時の世界の常識がどうであれ、反逆した者には徹底的に非情な処罰を下す――この姿勢が人々に畏《おそ》れられ、場合によっては悪魔に魂を売ったような所業にも思えたのだろう。

ちなみにドラキュラという言葉には「竜の息子」という意味があった。これは、ヴラド3世の父であるヴラド2世が「ドラクル（竜公）」と呼ばれたことからきている。

実は、これもヴラド3世にとっては不運だった。『聖書』では、竜、そしてヘビは、サタンと同一視されたからである。そのため、「竜公（ドラクル）」は「悪魔公」と呼ばれ、その子であるドラキュラも「悪魔の子」とされてしまったのだ。

村人を串刺しにし、人肉を喰らうツェペシュ。

File 139

# テンプル騎士団

## 火刑は権威による謀略か?

テンプル騎士団は、中世ヨーロッパにおいて、聖地であるエルサレムへの巡礼路の安全確保を目的に結成された騎士修道会である。

当然、キリスト教との結びつきは強い。というより、悪魔と結びつくことのほうが、よほど想像しづらいといっていい。

だが——1307年、テンプル騎士団の多数の兵士たちが、フランス国王フィリップ4世の司法官によって一斉に検挙されるという事件が起こった。

このころテンプル騎士団は、十字軍の遠征で敗退、エルサレムから帰国し、教団組織として活動を続けていた。その彼らがいきなり、異端《いたん》を理由に審問にかけられることになったのだから、おだやかではなかった。

そのときに挙げられた罪状は以下の通り。

・ネコの姿形をした偶像を祀る悪魔崇拝を行った

・宗教的儀式として、十字架を踏みにじるな

清貧を表す騎士団の印章。「ホモセクシャル説」の根拠にもされた。

異端を理由に、火の拷問を受けるテンプル騎士団の団員たち。

ど、神への冒瀆《ぼうとく》行為に明け暮れた

・サバトに加わり、悪魔をはじめとするその配下の牝悪魔と関係をもった

・入信式で、忠誠の誓いとして指導者の臀部《でんぶ》への接吻《せっぷん》を強要した

・団員が男色に染まっている

神聖な騎士団が本当にこのような悪魔的な行為に耽《ふけ》っていたとすればスキャンダルだ。はたしてこの罪状が、そのまま事実だったのかどうかはわからない。騎士たちは罪状通りに自白し、火あぶりにされているが、この自白はもちろん拷問によるものだった。

ただ、テンプル騎士団は、その公的な活動以外に、ミステリアスな顔を多くもつことも事実である。その代表が、彼らがエルサレムで、ソロモン神殿の跡地から聖杯や聖櫃《せいひつ》、さらにはキリストの十字架などを発見し、ひそかに持ち帰ったという話だ。

それが事実であるかどうかよりも、こうした噂自体、キリスト教やその権威を背景にする王にとって迷惑だったことだろう。テンプル騎士団がキリストと直接結びついてしまえば、自分たちの存在意義そのものが失われてしまうからだ。

もちろん、テンプル騎士団の有する莫大な財力と軍事力を横取りすることも、異端審問を仕掛けた国王の頭にはあったに違いないのだが……。

騎士団の最後の総長となったジャック・ド・モレー。

File 140

## 人類の終末に出現する反キリストとは？

# 黙示録の悪魔「666」

頭皮に666のアザがある悪魔の子ダミアンといえば1976年に公開されて世界的なヒットをおさめた映画『オーメン』。全編を貫くのは「ヨハネの黙示録」第13章の世界観だ。「黙示録」では、やがて世界を支配する獣と呼ばれる男の出現を警告し、こう結ぶ。

「ここに智恵が必要である。賢い人は、獣の数字にどのような意味があるかを考えるがよい。数字は人間を指している。そして数字は666である」

1976年に公開された映画『オーメン』。

多くの頭をもつ冒瀆の獣、つまり黙示録の悪魔666がキリスト教徒に戦いを挑み、キリストに忠実でない者だけがこの獣に従うと書かれている。666とは何か？

この世界の終末に関する予言的な一節をめぐって、終末が近いとする人々の間では、冒瀆の獣666は、すでに地上に出現しているのではないか、とささやかれてきた。近年でいえば、ヒトラーなどはまさにその代表である。もちろん、真偽は誰にもわからない。

この悪魔とまったく同じではないが、きわめてよく似た存在が「反キリスト」だ。

反キリストというのは、もともとはその言葉通りの意味――イエス・キリストの教えに背《そむ》く人――という意味だった。また、イエスがキリストであることを否定する者も、反キリストとされている。

ところがキリスト教の終末論のなかでは、いささか異なる解釈が登場するようになる。最後の審判の直前になると、キリストが再臨し、地上にはキリストが統治する千年王国が出現するという考えが生まれた。

もしもそうであれば、悪魔はこれをチャンスと見て、キリストを装った偽物＝反キリストとして現れるに違いない。これがもうひとつの反キリストの解釈の基本的な概念である。このとき悪魔＝反キリストは、キリストを装いながら人々を間違った方向へと導く。

16世紀の書物には、この反キリストは悪魔ベルゼブブによってもうけられ、地上に現れるもっとも邪悪な者であると書かれている。

(上) 3つの頭をもった反キリスト。サタンによって力を与えられて奇跡を行い、自分こそキリストだと偽って人々を惑わす。(下) 地からのぼってきた獣が、集まった人々に「666」の刻印を押している。

悪魔にしてみれば、最後の審判が訪れれば、地上にも地底にも、宇宙にさえも自らの住処《すみか》はなくなる。その直前に全勢力を注ぎこみ、一発逆転を狙ったとしても、当然のことだろう。ましてこれはラストチャンスなのだから。

File 141

# ロック・ミュージックと悪魔

## 悪魔からインスピレーションを得る!

ロック・ミュージックと悪魔礼讃の関係については、さまざまな噂が飛びかっている。なかには都市伝説にすぎないものもあるし、かなりの信憑性《しんぴょうせい》があるものもある。要するに玉石混淆《こんこう》なのだが、いずれにせよその軸にあるのは、20世紀最大の魔術師アレイスター・クロウリーの存在だ。

1960年代から70年代は、アメリカでは反ベトナム戦争の動きが活発になり、従来のキリスト教以外の価値観が盛んにもてはやされた。ヒッピーによるフラワー・ムーヴメントなどもそのひとつだが、ロック・ミュージシャンはクロウリーの「悪魔崇拝」から多くのインスピレーションを受けたのである。

たとえばビートルズのアルバム『サージェント・ペパーズ・ロンリー・ハーツ・クラブ・バンド』のジャケットには、多くの人々のなかにこっそりとクロウリーの顔が印刷されているし、レッド・ツェッペリンのジミー・ペイジは、クロウリーのかつての居城をスタジオ兼住居として買い取っている。また、シ

ビートルズの『サージェント・ペパーズ・ロンリー・ハーツ・クラブ・バンド』のジャケット。後列左から2番めがクロウリー。

ンガーのオジー・オズボーンには、ずばり「ミスター・クロウリー」という曲まである。

　さらに現在は、こうした流れとは別のところで注目を浴びているミュージシャンもいる。その代表が、マリリン・マンソンだ。

　そもそもこの名前自体、マリリン・モンローとチャールズ・マンソンを合わせたものだとされる。マリリン・モンローは「美の象徴」であり、チャールズ・マンソンは「悪の象徴」だというのだ。後者はいうまでもなく、あの悪魔崇拝者にしてシャロン・テート殺人事件の首謀者の名前である。

　また、彼らはしばしばステージ上で、『聖書』を破り捨てるなどの過激な演出を行うことでも知られており、ヨーロッパ公演ではブタの血液を会場にまいたこともある。こうしたことから、キリスト教団体の強いバッシングを受けており、歴史上もっとも反キリストのイメージが強いミュージシャンといえる。

　実際のところ、マンソンは「反キリスト・スーパースター」という別名で呼ばれているのだが、それは単なるキリスト教批判ということではない。彼の根底に、アメリカに蔓延《まんえん》する狂信的キリスト教原理主義への反抗が横たわっていることだけは、決して見落としてはならないだろう。

20世紀の魔術師、アレイスター・クロウリー。

# 小説『ローズマリーの赤ちゃん』の世界

アイラ・レヴィンの同名小説を、ロマン・ポランスキー監督が映画化した『ローズマリーの赤ちゃん』という、1968年制作のアメリカ映画がある。本章でも若干触れたが、ここで簡単にストーリーを説明しよう。

ニューヨークの古いアパートに引っ越してきた若夫婦がいた。夫はガイ、妻はローズマリー。隣には、一見親切そうだが、どこか無気味な老夫婦が住んでいた。

ある日、ローズマリーたちは子供をつくろうとする。ところがその晩、彼女はなぜか気を失ってしまい、夢か現実か悪魔に犯されるという体験をするのだ。

こうして彼女は妊娠するが、体重が激減したり、極度の腹痛を感じたりと、異常な症状に苦しみはじめる。そしてついに、生まれてきた子供の正体が……。

作品中、重要なテーマになっているのが、夢魔と悪魔崇拝の儀式だ。

前者は、女性が悪魔に夢で犯される、という現象であり、後者は悪魔崇拝者たちがこの世界への悪魔の現出を望んで、意図的に女性に悪魔の子を身ごもらせる、という悪魔的儀式である。

もちろんいずれも昔から、悪魔とその崇拝者にとって重要なモチーフだったことはいうまでもない。

ちなみにポランスキー監督は、悪魔崇拝者チャールズ・マンソンのグループによって惨殺されたシャロン・テートの夫で、それもこの映画にさらなるリアリティを与えている。

映画『ローズマリーの赤ちゃん』の衝撃のシーン。(©PPS)

# 第9章

† Chpter 9 The Witchcraft

# 魔女狩りと異端審問

File 142

悪魔との契約は本当になされたのか!?

# 魔女とは何か？

魔女とは、サバトに出かけて悪魔と契約を結び、その代償として魔力を与えられ、空を飛んだり超自然的な妖術を使ったりする者のことだ。また、悪魔はその臣従に対して印を刻む。そのため魔女は針を刺しても痛みがなくなるという。日本語では魔女というが、本来は魔術を行う男女の意味。

16世紀のローマ法の教授ボダンによれば、魔女は次の15の罪を犯しているがゆえに、有罪なのだと主張している。

①神を否認する。
②神を冒瀆《ぼうとく》する。
③悪魔を崇拝する。
④わが子の命を悪魔に委ねる。
⑤洗礼前の我が子を生《い》け贄《にえ》として悪魔に捧げることが多い。
⑥胎内にいる子を早くも悪魔に捧げる。
⑦多くの者を誘い、悪魔に服従させることを悪魔に約束する。
⑧悪魔の名において誓約し、自慢する。
⑨いかなる戒律も守らず、近親相姦を行う。
⑩人を殺し、食らう。
⑪人肉を食し、首つり死体まで食らう。
⑫毒や妖術で人を死に至らしめる。

中世の写本に描かれた魔女。
箒にまたがる典型的な姿だ。

⑬家畜を死なせる。
⑭果実を枯らし、不作を引きおこす。
⑮あらゆる面で悪魔の奴隷《どれい》となる。

ボダンは、魔女を「悪魔的手段で何らかの行為をなそうとした者」という法的定義を行った最初の人物だといわれている。

だが、彼は中立的立場の学者ではない。つまり、積極的に魔女狩りを支持した人物だ。魔女裁判において、被告を確実に有罪にするための定義がこの15の文なのである。

もちろんその背景には、強烈なキリスト教の神への信仰がある。言葉を裏返せば、神を裏切る背信行為はもちろん、神を疑い、その御手から離れた力によって何かをなそうとする者は、すべて魔女と呼ばれたのだ。

さらに、魔女を知るには１４８５年に法王の認可を得て出版された『魔女の鉄槌《てっつい》』が参考になった。これは、いわば魔女狩りと魔女裁判のマニュアルだ。こうして、現実に存在するかどうかも疑問な〝魔女〟たちは徹底的に弾圧されていったのだ。

十字架を踏みつけ、悪魔の肛門にキスをする魔女。教会を否定するサバトでの儀式だ。

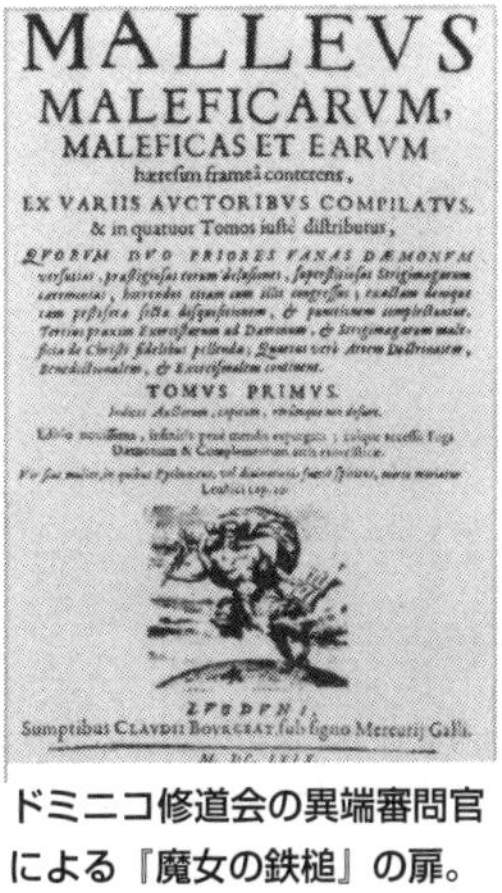

MALLEVS
MALEFICARVM,
MALEFICAS ET EARVM
hæresim frameâ conterens,
EX VARIIS AVCTORIBVS COMPILATVS,
& in quatuor Tomos iustè distributus,

TOMVS PRIMVS.

LVGDVNI,
Sumptibus CLAVDII BOVRGEAT, sub signo Mercurij Galli.

ドミニコ修道会の異端審問官による『魔女の鉄槌』の扉。

File 143

# 魔女狩りと異端審問

## 暗黒裁判の横行とキリスト教会による異教弾圧の波

魔女狩りの動きがヨーロッパでピークに達したのは、15世紀から17世紀にかけてのことだといわれている。

正確な犠牲者の数はいまだに判明していないが、トータルで10万人近い人々が火あぶりによって殺されていることは間違いない。

では、具体的に魔女狩り――そして魔女裁判――は、どのように行われていたのだろうか。17世紀にフランスのノール県で起こった、ある「妖術使い」の裁判の記録から、その過程を見ていくことにしよう。

１６５９年3月21日、ノール県のメットランという町の代官のもとに、ひとりの男がやってくる。名前はトーマ・ルタン。60歳になる、裕福な男だった。

彼は代官に、こんな相談をもちかける。

「近所の人々から、私が邪悪な魔法をかけたプラムで子供を死なせたという噂を流され、嫌がらせまで受けて困っている。なんとか身の潔白が証明できないだろうか」

ルタンはそう訴えたのだ。

報告を受けた裁判所は、即日、ルタンの身柄を確保。安全を保護するため、という理由だったが、なぜか翌々日の23日になると、は

異端審問で魔女と認定され、処刑された英雄ジャンヌ・ダルク。

やくも彼が妖術使いであるという証拠が12件も報告されるのだ。

魔女の嫌疑をかけられた女性の取り調べの様子。あらゆる要素が嫌疑の対象に。

しかも、家宅捜索の結果、ルタンの家からは妖術に使う軟膏《なんこう》と魔法の粉が発見される。

こうしてすべての「証拠」が揃い、27日には早くも公開訊問が開始された。もちろんルタンは、がんとして否定した。当たり前だろう。もともと身の潔白を証明するために、自ら役所までやってきたのだ。

そして1か月後の11月1日、裁判で拷問と死刑執行を専門とする拷問吏による訊問——という名の拷問——が行われることが決まる。

最初は、ルタンの体から悪魔の印を捜しだすことに主眼が置かれた。魔女や魔法使いは、悪魔と契約をすると、体に1か所だけ痛みを感じなくなると考えられていた。そこが悪魔の印を押された場所だ。

拷問吏は、それこそ頭の先からつま先まで、ありとあらゆる部位に針を突き刺し、その場所を捜しつづけた。そしてついに、頭にそれを発見。魔法使いであることが確定したことで、拷問はいっそう熾烈《しれつ》をきわめる。

木製の椅子に座らされ、両手両足を固定。首は鉄のタガで締めつけられた。

「8年前に、アルラキンという悪魔と契約した。署名し、烙印を受け、サバトにも参加した。そこで、塗るだけで空を飛べるようになる膏薬をもらった……」

もちろんこの自白は、あらかじめ拷問吏によって用意されたものだった。嫌疑をかけられた時点で有罪は決まっていたのである。

そして11月5日、ルタンは死亡。遺体は車輪で粉々にされ、ルタンの財産は没収。その金は、関係者の懐に入れられたという。

——と、書いているだけで胸が痛くなるが、当時はこれとほぼ同じことが被害者の数だけ、つまり約10万件も行われていたのだ。

ところで、こうした魔女狩りと魔女裁判が、民事で行われるものだとすれば、当時の公的最高機関である教会、つまりローマ法王庁主導のもとで行われたのが異端審問《いたんしんもん》である。

始まりは12世紀後半、その言葉が示すように、キリスト教内における異端思想を糾弾し、統制をはかるためのものだった。

当時は、形骸化《けいがいか》しつつあった教会に異議を唱えるカタリ派やヴァルド派などの宗教集団が各地に生まれつつあったのだ。異端であるかどうかを決定するのは宗教会議やキリスト教機関で、有罪となれば追放や火あぶりなどの厳刑が待ち受けていた。

当然、こうした教会による異端弾圧が魔女狩りを加速させたともいえる。

しかも、戦う相手が異端＝悪魔という点では、魔女狩りと何ら変わるところはない。というより、異端審問はいつしか、魔女狩りの主役とさえなっていったのだ。

ごく大ざっぱにいうことを許していただけるなら、一般民衆には魔女狩りを、教会や宗教関係者には異端審問を、ということになるのではないだろうか。別項で紹介した、テンプル騎士団への異端審問などは、まさにその典型的なケースである。誘導尋問による虚偽の自白を引き出し、拷問による魔女検査（指詰め、引き裂き、水責め、焼きゴテ、不眠法など）が行われつづけたのだ。

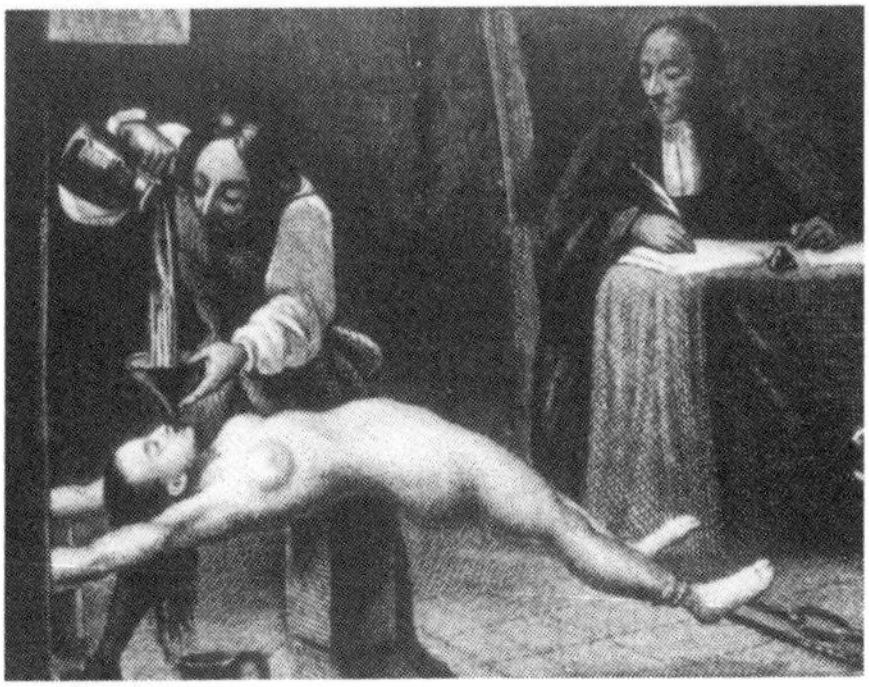

水責めの拷問。

　なお、現在ではこうした魔女狩りや過度の異端審問について、キリスト教関係者は集団心理による悪夢だったとしている。

　しかし、絶対善――絶対神――を理想として掲《かか》げる者には、常にこうした異常事態が発生する危険性が秘められているのである。そこに、妬《ねた》みや欲望、恐怖というファクターが加わったなら、人はいつでも簡単に魔女狩りを再開することだろう。

　その意味では、魔女狩りは決して過去のものではないのである。

引き裂きの拷問。

File 144

# 魔女ラドラム

## 洞窟に住む無害な魔女のおばさん

ラドラムの洞窟は現在でも観光スポットになっている。

ラドラムは、イギリスのサリー州に住む魔女として名高い。ファーナム城の近くにある洞窟に住んでいたが、注目すべきは彼女が、愛される魔女だったということである。

まず、ラドラムは地元の人々に何の害悪も及ぼさなかった。それどころか、しばしば手助けさえしてくれたのである。

たとえば鍋《なべ》が必要なら、真夜中に洞窟へ行って、周囲を3周してからこういう。

「ラドラムおばさん、鍋を貸して下さいな。2日後には必ず返しますから」

こうして翌朝早く洞窟に行くと、鍋がちゃんと置かれているのである。

だがあるとき、大釜を借りた農民が、約束の日に返すのを忘れてしまった。怒ったラドラムは頑として釜を受け取らず、それ以降、誰がどう頼んでも、何も貸してはくれなくなったのだという。

ラドラムおばさん。

File 145

最初は些細な諍いだったのだが……

# イングランドの魔女事件

1587年、イングランドの片田舎で、ショッキングな事件が起こった。

最初は隣人どうしの些細《ささい》な諍《いさか》いだった。ところがその直後、村に伝染病が発生する。こうして村人は、最初にトラブルを起こした女に疑いのまなざしを向けるようになる。

やがて、ブタの体調が悪くなっても、男が足を怪我しても、誰もがすぐにその女の顔を思い浮かべるようになった。そしてあるとき、別の男が病気になり、見舞いに行った別の男がついにその思いを口にしたのだ。

同時期のイングランドでの魔女狩りの様子。

「おまえ、あの女を怒らせなかったか?」

あとは誰もが、それまで心に秘めていた思いを吐きだすだけだった。その場で、すべてはあの女のせいだ、あいつは魔女だという「決議」がなされたのである。

その後、病気の男が死んだ。死因は魔女の呪いだとされ、女は逮捕。魔女裁判にかけられた結果、火あぶりになったという。

もちろんこれはフィクションではない。エセックスの司祭ジョージ・ジフォードによって書き記された、歴史的事実なのである。

File 146

17世紀フランスを震撼させた悪魔憑き事件

# グランディエ神父

魔女狩りの記録を見ていると、どちらが悪魔なのかわからなくなってくる。それでも、実行者が実直謹言《じっちょくきんげん》な人間だというなら、まだ理解もできる。しかし、もともと裁く側の人間に問題があるとしたら……。これは、17世紀の初め頃、フランス西部のルーダンの町で起こった実話である。

この頃、ルーダンにあるサンピエール教会に、ユルバン・グランディエ司祭が赴任してきた。彼はうぬぼれの強い人物だったが、頭がよく、説教師としての評判もよかった。町の司祭たちは、彼のそんなところが気に入らない。態度が偉そうなのも、強い反感を買っていた。

そしてあるとき、グランディエがルーダンの女性たちと関係をもっていたことが発覚。異端審問の場へ引き出されるのだ。

ここで、信じられないことが起こった。女修道院長ジャンヌ・デ・サンジュが、司祭が修道女を誘惑し、魔女になるように改宗

火刑に処されたグランディエは、多くの画家が題材に取り上げている。

させ、悪魔崇拝の方法を教えた、と証言したのだ。実は彼女は、地元では作り話ばかりをすることで有名な人物だった。誰もがそんなことは承知していたのだが、その証言だけは無条件に支持したのである。

　こうして司祭と魔女にされた修道女の公開悪魔祓いが開始された。このとき、修道女の悪魔祓いを見ていたある公爵は、その感想をこう述べている。

ユルバン・グランディエ神父。

「修道女たちが礼拝堂で悪魔祓いを受けるのを見て……私はペテンではないかと疑いはじめた」

　また、グランディエ司祭は屋根裏部屋に幽閉され、悪名高い針刺しの拷問を受ける。司祭はどこを刺されてもひどく痛がったが、悪魔の契約の印の確認など、もはやどうでもよくなっていた。

　そして最終的には、町の中央広場に集まった6000人の群衆の前で、体中に硫黄《いおう》を塗られ、生きたまま焼き殺されたのだ。

映画『尼僧ヨアンナ』のモデルになった修道女ジャンヌ。

File 147

# セイラムの魔女狩り

新天地の集団ヒステリーが生みだした悪夢か？

魔女狩りの嵐は、大洋を渡り、アメリカ大陸まで飛び火している。北米の魔女狩りでもっとも凄惨《せいさん》で大きな事件は、マサチューセッツ州セイラムの町で起きた。1692年、地元の女たちが次々と魔女として告発されたのである。

セイラムの少女たちへ激しい訊問を行う。

火種は、3人の少女たちのまじないだった。だが、新大陸の清教徒にとって、それはとんでもないことだ。彼女たちの行為は激しく非難され、耐えきれなくなった彼女たちは、自分たちは魔法で誘惑されたのだと証言。魔女として、3人の女の名前を挙げたのだ。

こうして名前が挙がってしまえば、実態など問題ではない。3人目の女が自白し、悪魔と契約したと証言すると、次の魔女捜しで町中が躍起《やっき》になっていく。

こうして疑いをかけられた者は150人。19人の女たちが絞首台に吊され、ひとりの男が殺される。

それは、清教徒の厳しい規律と新天地における未来への不安から起こった集団ヒステリーとされるが、本当の原因は誰にもわかっていない。この事件はアーサー・ミラーが戯曲化し、その後、映画にもなっている。

File 148

# ベナンダンティ

## サバトは前キリスト教時代の豊饒儀礼の名残か?

歴史学者のカルロ・ギンズブルグは、異端審問の記録を調査中、奇妙なグループを発見した。北イタリアのフリウーリ地方に「ベナンダンティ」という集団がおり、彼らは四季ごとの斎日の夜に、ある奇妙な集会を開いていたというのだ。

その晩、彼らの魂は体から抜けだし、ウサギやネコのなどの動物に乗って野原へ出かける。そこでは遊戯をしたりして楽しむのだが、もっとも重要なイベントは魔女との戦いだった。魔女が勝つとその年は不作、ベナンダンティが勝つと豊作、というわけだ。

16~17世紀の魔女狩りの最盛期、この風習が知られると、当然のごとく彼らは異端審問所で裁判にかけられた。要するに、これはサバトではないか、という疑惑である。

こうして記録上は、ベナンダンティは魔女集団であるとされてしまったのだ。

現在では、彼らのこの行事は、前キリスト教時代の豊穣を祈るシャーマニズム的祭祀の名残だったのでは、といわれている。キリスト教化される以前の民衆文化はこうして抹殺されたのだ。

畑をまわるベナンダンティの男女。(『ベナンダンティ』より)

# あとがき

天使と悪魔の存在を信じる信じないは別にして、これまで世界の歴史の多くの部分が、前と悪の対立を軸に動かされてきたことは間違いない。

ユダヤ教やキリスト教、あるいはイスラム教とは、どちらかというと縁の薄い日本人にとって、天使と悪魔という言葉こそ知ってはいるものの、その背景にある文化まで知るチャンスはなかなかない。

今、編集を終えて感じるのは、天使と悪魔、その多様性への驚きである。とくに悪魔は、どんな悪魔であっても、ひとりひとりが実に個性的でおもしろいのだ。

願わくは、本書を手にとっていただいた読者も、そんな気軽な気持ちでページをめくっていただきたい。

「ああ、こんなに愉快な悪魔もいたんだな」——と。

綾波　黎

# 参考文献

『インド神話の謎』学研、1998年
『キリスト教の本（上・下）』学研、1996年
『聖書の世界』自由国民社、2001年
『天使と悪魔の大事典』学研、2000年
『天使の事典』学研、2005年
『ユダヤ教の本』学研、1995年
Ｐ・Ｌ・ウィルソン『天使』鼓みどり訳、平凡社、1995年
ローラ・ウォード&ウィル・スティーズ『天使の姿』小林純子訳、新紀元社、2005年
ローラ・ウォード&ウィル・スティーズ『悪魔の姿』小林純子訳、新紀元社、2008年
Ｊ・チャールズ・ウォール『悪魔学入門』松本晴子訳、北栄社、1986年
江口之隆『西洋魔物図鑑』翔泳社、1996年
岡田明憲『ゾロアスター教の悪魔払い』平河出版社、1984年
岡田明憲『ユーラシアの神秘思想』学研、2005年
カルロ・ギンズブルグ『ベナンダンティ』竹山博英、せりか書房、1986年
ローズマリ・エレン・グィリー『天使百科事典』大出健訳、原書房、2006年
草野巧『図解 天国と地獄』新紀元社、2007年
スタニスラフ&クリスティナ・グロフ『魂の航海術』山折哲雄訳、平凡社、1982年
フレッド・ゲティングズ『悪魔の事典』大瀧啓裕訳、青土社、1992年
ジョスリン・ゴドウィン『図説 古代密儀宗教』吉村正和訳、平凡社、1995年
マルコム・ゴドウィン『天使の世界』大瀧啓裕訳、青土社、1993年
パオラ・ジオベッティ『天使伝説』鏡リュウジ訳、柏書房、1994年
ピーター・スタンフォード『悪魔の履歴書』大出健訳、原書房、1998年
高橋義人『魔女とヨーロッパ』岩波書店、1995年
月本昭男他著『図説 聖書の世界』学研、2008年
利倉隆『悪魔の美術と物語』美術出版社、1999年
利倉隆『天使の美術と物語』美術出版社、1999年
Ｐ・ヒューズ『呪術』早乙女忠訳、筑摩書房、1968年
ヘルベルト・フォアグリムラー他著『天使の文化図鑑』上田浩二・渡辺真理訳、東洋書林、2006年
コラン・ド・プランシー『地獄の辞典』床鍋剛彦訳、講談社、1990年
松平俊久『図説　ヨーロッパ怪物文化誌事典』倉持不三也監修、原書房、2005年
森島恒雄『魔女狩り』岩波新書、1970年
ルーサー・リンク『悪魔』高山宏訳、研究社、1995年
ロッセル・ホープ・ロビンズ『悪魔学大全』松田和也訳、青土社、1997年

【決定版】
# 天使と悪魔 図鑑

2009年 3月10日 第1刷発行

編 著 者　綾波 黎
発 行 人　大沢広彰
編 集 人　土屋俊介
デザイン　アトリエ遊
編集協力　中村友紀夫
編集担当　牧野嘉文
発 行 所　株式会社 学習研究社
〒141-8510 東京都品川区西五反田2-11-8
DTP制作　株式会社 明昌堂
印刷・製本　中央精版印刷 株式会社

この本に関する各種のお問い合わせ先
【電話の場合】
◎編集内容については　03-6431-1506（編集部直通）
◎在庫、不良品（落丁、乱丁）については　03-6431-1201（出版販売部）
◎学研商品に関するお問い合わせは下記まで。
03-6431-1002（学研お客様センター）
【文書の場合】
〒141-8510 東京都品川区西五反田2-11-8
学研お客様センター『決定版 天使と悪魔 図鑑』係